Deuxième édition.

PARIS
SOUS LA TROISIÈME RÉPUBLIQUE

LES GRANDS
BAZARS

PAR

PIERRE GIFFARD

PARIS

VICTOR HAVARD, EDITEUR

175, BOULEVARD SAINT-GERMAIN, 175

—

1882

LES GRANDS

BAZARS

PARIS, IMP. MOTTEROZ, RUE DU FOUR, 54 BIS

LES GRANDS BAZARS

PAR

PIERRE GIFFARD

Deuxième édition

PARIS

VICTOR HAVARD, ÉDITEUR

175, BOULEVARD SAINT-GERMAIN, 175

1882

Tous droits de traduction et de reproduction réservés

PRÉFACE

On a de tout temps écrit sur Paris, et le présent ouvrage, auquel l'auteur a donné ce titre : *Paris sous la troisième République*, ne sera pas le dernier qu'on publiera sur cet éternel sujet.

Paris est toujours énorme, toujours incomparable, toujours mystérieux et toujours nouveau. Mais de son incessante transformation même, naissent périodiquement des ouvrages de longue haleine dans le genre de celui-ci.

Mercier, à la fin du XVIIIe siècle, et M. Maxime Du Camp au milieu du XIXe, ont écrit sur Paris deux ouvrages plus particulièrement connus, et qu'on ne manquera pas de donner, avec raison, comme modèles à l'auteur de celui-ci.

Mercier, humoriste et dessinateur hâtif, citadin philosophe de la grande ville, a pris sur le vif les gens et les choses de son temps, où Paris n'avait pas la taille colossale d'aujourd'hui. Il a donné de la cité révolutionnaire, en 1789, un fusain dont chaque détail est un trait d'esprit ou d'observation légère.

M. Maxime Du Camp, littérateur plus substantiel, homme de méthode et d'analyse scientifique, a fait, dans une œuvre considérable, défiler sous les yeux du lecteur les admirables combinaisons administratives, hospitalières, policières, qui faisaient de Paris, cinquante ans après Mercier, un univers à part dans le grand univers.

Il est impossible de ne pas désirer lire l'ouvrage de M. Maxime Du Camp, *Paris, sa vie, et ses organes*, et pourtant, quand on l'a lu, il est impossible de ne pas désirer lire autre chose encore sur l'éternel sujet, autre chose de moins précis, de plus intime, de plus imprévu, de plus impressionniste, *si l'on veut*, et de plus immédiatement contemporain.

En effet, l'ouvrage de M. Maxime Du Camp pourrait à bon droit s'appeler *Paris sous le second Empire*. Il a été écrit entre 1855 et 1870. Il est plein de documents qui remontent à cette époque, et il porte, en dépit des retouches que l'auteur y fit en 1872, la marque des « vingt années de prospérité » lointaines déjà.

Or, depuis la guerre, Paris s'est de nouveau transformé. Sans parler des postes, des télégraphes, des hôpitaux, des tramways, des téléphones, des théâtres, des bateaux à vapeur, des promenades publiques, de tant d'autres manifestations de l'esprit moderne dans l'étude desquelles M. Maxime Du Camp excelle, et qui se sont développées ou créées entièrement depuis la publication de son remarquable ouvrage, la physionomie de Paris a beaucoup changé.

Douze années de travail incessant ont rendu certaines industries, certains milieux, aussi méconnaissables que certains quartiers. Mais toutes ces choses pourraient porter encore des marques plus apparentes du temps irréparable, dans le livre de M. Maxime Du Camp, que l'auteur du présent ouvrage ne se permettrait point d'y toucher.

Il estime que le livre de l'honorable acadé-
micien subsiste tout entier, au point de vue
administratif, scientifique, documentaire, que son
auteur avait choisi, et que les changements sur-
venus dans telle ou telle administration, l'augmentation du nombre de fiacres, par exemple,
ou des halles et marchés de Paris, n'enlèvent
rien à la façon tout à fait remarquable dont
M. Maxime Du Camp a expliqué le fonctionnement
des Petites Voitures et celui des Halles Centrales.

Ce qui a été écrit par M. Du Camp restera
valable pendant de longues années. Paris pourrait doubler sa population que l'étude de ses
organes administratifs subsisterait dans toute son
ampleur. Le lecteur qui parcourra l'ouvrage au
bout du siècle n'aura qu'à multiplier les
chiffres indiqués par deux, et son imagination
sera aussi frappée du merveilleux mécanisme de
la grande ville que le fut celle des contemporains du livre, sous Napoléon III.

Mais il est plus d'un monde, dans Paris, que
M. Maxime Du Camp n'a pu fouiller, précisément
parce que l'esprit administratif, économique,

savant, de son ouvrage l'écartait de ces mondes curieux.

L'auteur du présent ouvrage a cherché à peindre ces milieux divers dans lesquels il a voulu vivre à dessein, observant sans cesse et notant pendant de longs mois ses observations.

Pour point de départ de son ouvrage, il a pris *l'impression ressentie* et non le *document écrit*.

Il a laissé aux savants et aux chercheurs les chiffres et les statistiques, désireux de faire passer sous les yeux du lecteur un tableau *vécu* par lui des mondes les plus divers qui s'agitent dans l'immense Paris.

En un temps où les romanciers imaginent la plus banale des intrigues pour avoir le prétexte de décrire tel ou tel coin du Paris moderne, il a pensé qu'il pouvait décrire Paris sans imposer au public le subterfuge du roman prétexte et de la banale intrigue.

Il a depuis longtemps arrêté dans son esprit le plan de l'ouvrage, le nombre de volumes qu'il doit avoir, les tableaux de grande dimension qu'il veut peindre et les sujets contemporains qu'il veut étudier. Le public sera juge de l'opportunité de son travail.

Le premier des mystères parisiens qui l'aient préoccupé fut, il y a déjà de longs mois, celui de ces grands bazars, de ces magasins gigantesques qui ont pris tant de place dans la vie de Paris et qui sont si peu connus dans leurs détails, parce que les écrivains ont toujours redouté, s'ils se mêlaient de les analyser, d'être accusés par le public d'intempestive réclame.

L'auteur estime qu'on ne le soupçonnera pas.

Il a vu dans l'étude anatomique, si le mot n'est pas trop ambitieux, dans la physiologie de ces monstres, le premier volume de l'ouvrage, celui qui donnerait bien une idée générale de la publication, et il l'a écrit en connaissance de cause, après avoir approfondi, senti, vécu les choses grandes et pitoyables qui se passent aujourd'hui dans ces foires permanentes de Paris-géant.

Un dernier mot au sujet de ce volume et de ceux qui suivront :

Que si des esprits chagrins voyaient dans la coïncidence éventuelle de mœurs fâcheuses et du titre : *Paris sous la troisième République,* une intention ironique ou blessante pour le gouvernement de la République, l'auteur les engage à revenir sur leur impression. Il a choisi ce titre, parce qu'il dit ce qu'il veut dire, parce qu'il indique bien que l'ouvrage est une série d'études sur Paris tel que nous le voyons depuis la guerre, sous la République, troisième du nom, qui est le gouvernement de notre temps.

Les mots sont faits pour qu'on les utilise, en français comme dans toutes les langues, pour la plus grande clarté de la pensée.

Mai 1882.

LES GRANDS BAZARS

CONQUÊTE DE LA FEMME

L'une des révolutions caractéristiques de notre époque est celle qui s'opère depuis quinze ans dans le commerce parisien par excellence, dans celui des « nouveautés. » L'édification et le succès prodigieux des immenses magasins qui remplacent aujourd'hui pour la femme, pour la Parisienne aussi bien que pour l'étrangère en voyage, la petite boutique d'autrefois, sont deux problèmes de ce temps, problèmes que l'économiste, encore moins que le philosophe, ne saurait peut-être point résoudre, mais que l'observateur étudie avec une surprise mêlée d'intérêt, semblable à ce touriste qui s'extasie devant la grande horloge de Strasbourg, sans rien comprendre à son mécanisme.

A voir fonctionner ces énormes machines qui dévorent le public, et auxquelles le public va toujours avec plus d'entraînement, parce qu'il y trouve, ou croit y trouver son compte, on se demande si les mœurs du commerce moderne ne retournent pas à l'Orient, d'où elles sont parties. Où se fait le commerce de l'Orient? Au bazar. Tout est réuni, groupé dans le bazar. L'acheteur y trouve, sans en sortir, les mille objets qui lui font envie et ceux qui lui sont nécessaires.

Est-ce que ces grands magasins de nouveautés, ouverts à tout venant, comme des halles, où l'on a le droit d'entrer sans acquérir, ne sont pas de grands bazars, appropriés à nos exigences de raffinés?

C'est sur les ruines du petit commerce parisien, dit l'économiste, que cette féodalité nouvelle a bâti ses forteresses tendues de soie et d'or. Peut-être. Mais à qui la faute? Le philosophe le dirait sans doute, en arguant de la transformation du pays depuis la Révolution française, en faisant découler la force de ces monstres d'une union solide entre mille forces individuelles, de l'Association en un mot, que nos pères n'ont point connue, en un temps où l'argent n'avait ni le droit, ni le moyen de descendre dans le négoce pour en tirer honneur et profit. C'est possible.

L'observateur ne peut que constater les choses. Il constate que les petits commerçants se plaignent fort. Mais où les mèneront leurs plaintes ?

Ils seront emportés dans la lutte terrible que le travail et l'argent, d'une part, livrent sur le champ de bataille parisien, au luxe croissant et à la coquetterie féminine de l'autre. Ils seront broyés, anéantis, ils le sont peut-être déjà au profit de dix ou douze vastes bazars qui appelleront l'acheteur et se battront à coups de réclame jusqu'à ce qu'ils s'étranglent, jusqu'à ce qu'ils se mangent les uns les autres. Après ?

Jean-Baptiste Say lui-même eût été bien en peine, je crois, de nous dire la fin.

D'ailleurs, nous ne la verrons pas, cette fin ; elle appartient à un autre siècle ; aussi l'observateur n'at-il pas à s'en préoccuper. Au milieu de la lutte pour la vie, du *struggle for life* darwinien, les faibles tombent, écrasés par les forts. Ainsi va le monde, sans que les protestations des économistes l'aient jamais arrêté.

Est-il un spectacle plus merveilleux que celui de ces grands bazars où les richesses du monde entier,

accumulées, exposées, exhibées, attirent indifférem-
ment le riche et le pauvre, la femme du monde aux
équipages armoriés et l'ouvrière en cheveux, la cour-
tisane emmitouflée dans ses fourrures et la femme
du peuple, à peine vêtue d'un caraco troué, la princesse exotique qui vient acheter sa provision de
futilités, et la fruitière du coin, qui vient de saigner
un poulet et dont le tablier graisseux pue encore
l'échalote? Ce coudoiement des duchesses et des
manantes, des parvenues et des besoigneuses, des
bourgeoises et des catins, cherchant toutes le moyen
de réaliser, selon leur bourse, une économie sur le
temps et sur l'argent, en se jetant dans le tohu-bohu
étourdissant du grand bazar, n'est-il pas insensé?

Où donc est-il le temps où le boutiquier goguenard attendait sur sa porte que le client réfractaire
vînt le supplier de lui vendre sa marchandise à des
prix que nulle concurrence ne gênait dans leurs es-
sors? Où donc le temps où les dames des nobles
faubourgs faisaient venir chez elles le marchand,
humble, mais roué, et plus rouées que lui peut-être,
lui demandaient, pour l'attendrir, des nouvelles de
ses enfants?

Où donc est-il M. Jourdain, qui n'osait avouer que
son père vendait du drap?

Aujourd'hui, les hommes laborieux qui ont créé

ces docks effrayants de la nouveauté parisienne remuent les millions à la pelle. Et si les chevaux des marquises piaffaient autrefois d'impatience quand les marquises daignaient s'arrêter chez le drapier, aujourd'hui les chevaux accouplés des grands bazars, portant les colis à domicile, piaffent et se cabrent avec des attitudes de pur-sang qui les font estimer couramment par les connaisseurs à dix mille francs la paire, un prix que n'ont pas toujours connu les marquises.

Révolution, démocratie, que tout cela. Course effrénée de toutes et de tous, au meilleur marché!

N'est-ce pas une grande chose, à tout prendre, que l'évaluation à des centimes près, de tous les objets nécessaires à la vie? Et leur groupement dans une seule halle ne s'imposait-il pas aux initiateurs de ces caravansérails? La femme, dont la coquetterie est insondable, aime à savoir ce que ses moyens lui permettent de dépenser. Si elle les outrepasse, elle sait encore ce qu'elle fait. De quoi ne se privera-t-elle pas, dans son ménage, pour acheter à la longue l'objet qu'elle a vu, au milieu de tant d'autres, au grand bazar, et qui a empli sa tête d'un irrésistible désir?

Ce fut un homme de génie, que celui qui eut l'idée de mettre la femme aux prises avec un monde entier de soieries, de dentelles, de cachemires, de rubans et de broderies! Celui-là seul peut dire qu'il a fait la conquête de la femme.

Avec sa petite tête d'oiseau, la fille d'Eve entre dans cet enfer de la coquetterie comme une souris dans la ratière. A peine a-t-elle fait trois pas au milieu de ces murailles de draperies empilées , devant ces comptoirs de gants parfumés, le long de ces rayons où les tissus précieux, les tapis, les lingeries miroitent avec des étiquettes alléchantes, qu'elle est perdue par la tentation.

Sa cupidité est en éveil. Elle regarde, effarée d'abord. Elle s'approche ensuite, n'osant toucher, n'osant manier. Mais le commis est là, qui l'excite à contempler encore. Elle passe. Un combat se livre évidemment dans sa petite cervelle. Elle est venue pour acheter un objet de six francs, elle l'a; il faut qu'elle s'en aille. Elle se dit qu'elle va s'en aller. Et même elle s'en va.

Mais dans ce gouffre où les tourbillons sont semés de mirages plus terribles les uns que les autres, elle tombe de Charybde en Scylla.

De rayon en rayon, elle glisse, éblouie et frémissante.

Sa convoitise allumée la surexcite. Elle jouit de

tout cela, mais elle voudrait plus encore, elle voudrait l'acheter, l'emporter. C'est « si beau, si dé-« licat, si distingué, si nouveau, si riche ! »

Elle ne retrouve plus son chemin, et alors elle est deux fois perdue. Il faut qu'elle achète autre chose que l'objet de six francs. Elle cède à la vingtième suggestion du tentateur.

Enfin !

Ce quelque chose fût-il un bougeoir de dix sous, que la théorie de l'homme de génie ci-dessus n'en triompherait pas moins dans toute sa beauté. La femme, venue pour acheter un objet déterminé, n'a quitté le grand bazar qu'après en avoir acheté un autre, ce qu'il fallait démontrer. La fortune de l'homme de génie est faite, et celle de tous ses imitateurs aussi, dans les siècles des siècles.

A cela les moralistes chagrins trouvent à redire.

Ce sont les maris qui paient ; donc augmentation de dépenses dans le ménage. Le bougeoir de dix sous ou le cachemire de deux mille francs achetés en trop déséquilibrent le budget du mari : de là, gêne dans la mansarde ou dans l'entresol aimable, explications, récriminations, colère, scènes, cris, et tout ce qui peut s'ensuivre.

Voilà qui est vrai. Mais, tant pis pour les maris !

Ils sont broyés, eux aussi, par les colosses.

Que faire à cela? Les plaindre? Nullement. C'est leur rôle de payer. D'ailleurs, je prends les maris pour donner plus de clarté à ma pensée. Mais ils ne sont pas les seuls à payer pour les femmes. Il y a les pères, les frères, les fils, qui sont souvent dans des conditions sociales analogues, de sorte que nous sommes tous frappés, maris ou autres, par cette transformation d'un magasin de nouveautés en jardins d'Armide, où les femmes d'aujourd'hui dépensent dix fois plus d'argent qu'autrefois, tout en payant dix fois meilleur marché, dit le tentateur.

Car le grand bazar ne s'en cache pas; il a pour devise cette parole de l'un de ses créateurs :

— La femme est notre proie; en l'attirant par tous les moyens possibles, nous tirons à boulets rouges sur le mari.

Il y a aussi les amants, qu'il ne faut pas oublier. Cela est plus grave.

Si je faisais partie de l'un de ces jurys imaginaires comme on en voit dans les drames ou lorsqu'on a le cauchemar — les consciences les plus tranquilles ont de ces surprises, — et qu'un président fantastique me posât cette question : « La Parisienne qui a vidé la bourse de son mari prendra-t-elle immédiatement

un amant pour satisfaire son infatigable coquetterie ? » je répondrais sans hésiter : — Oui.

Le fait seul de vider la bourse du mari indique
déjà une femme affolée par la coquetterie. Elle n'a ni
le souci de son intérieur, ni l'amour de ses enfants,
ni la prévoyance de l'avenir. Toutes les Parisiennes
n'en sont pas là, Dieu merci, mais la Parisienne coquette s'appelle légion, et elle est capable de tout
pour avoir à prix d'or ce qu'elle a vu au grand bazar,
à la dernière exposition, je ne sais quand, ce qui
coûte en tout cas fort cher, et ce que son dadais de
mari se refuse finalement à payer, — faute d'argent
presque toujours, le pauvre homme !

Certainement cette femme, qui a pris goût aux
tentations du monstre séducteur dont les pattes de
velours la caressent pour lui faire rendre gorge, cette
femme qui, avec l'argent qu'elle a, ne peut plus suffire
aux instincts que la tentation a chaque jour allumés
en elle, cette femme-là prendra un amant, qui lui
donnera l'argent nécessaire.

Si elle est d'un tempérament timide, elle
n'en prendra qu'un. Si non, elle en prendra deux,
l'un succédant à l'autre, bien entendu, et soldant
toujours des notes que le prédécesseur n'aura pu
payer.

Là, le grand bazar a fait œuvre de dépravation. Dans ce Paris si grand et déjà si plein de séductions auxquelles résistent les seules femmes sagement élevées, il a encore ouvert de nouveaux gouffres sous les petits pieds des pauvrettes. Faut-il récriminer? A quoi bon? C'est l'éternelle lutte du fort contre le faible.

Le triomphe des grands bazars ne doit pas être attribué seulement à ce fameux *fixed-price* que les Anglais, gens pratiques, avaient imaginé avant eux. Il est certain que leur fonds de roulement et leurs réserves d'argent, qui sont considérables, leur ont permis dès le début d'aller chercher les marchandises aux pays d'origine, avec plus de facilité que les petits commerçants du temps jadis.

Au temps jadis, en effet, les produits des pays lointains passaient par trop de mains avant d'arriver chez le boutiquier de Paris, pour que leur prix fût abordable aux bourses moyennes. Sans parler des monopoles qui mettaient les étoffes de l'Inde entre les mains d'une ou deux Compagnies, les seules qu'on eût encore imaginées, quel voyage devaient faire les tissus de tous pays avant d'entrer dans la boutique du marchand de Paris!

Aujourd'hui, chacun de nos grands bazars, grâce aux chemins de fer, aux paquebots sans nombre, expédie dans l'univers entier, en Perse comme en

Chine, des voyageurs bien appointés, qui achètent en gros, et à bon compte par cela même, toute la fabrication d'un pays, ce qui permet au grand bazar, importateur direct, de revendre ces produits à des prix souvent invraisemblables de bon marché.

Les prisonniers de la citadelle de Lahore, dans l'Inde, ne travaillent que pour le Louvre, par exemple. Et le Louvre, pour recevoir leurs tapis, est obligé de leur envoyer l'argent convenu un an à l'avance, ce qui indique chez ces captifs de la domination anglaise une entente singulière des affaires commerciales.

Nécessairement, la qualité des marchandises exhibées devant la femme par les grands bazars est supérieure à celle des imitations, auxquelles la cherté d'autrefois condamnait le commerce, et c'est ce qui explique que le grand bazar a fatalement la réputation de vendre meilleur que le petit boutiquier.

Les femmes jugent que cela est une vérité par expérience. Elles ont acheté chez le boutiquier, et elles comparent aujourd'hui, au grand désespoir du petit commerce. Mais les hommes, qui ne sont pas habitués au chiffon, porteront le même jugement que les femmes, parce qu'ils le porteront en vertu d'un raisonnement. Ils estimeront par exemple que le gantier modeste ne peut pas lutter avec le grand bazar pour la mise de fonds nécessaire au commerce des gants, et, sûrs de leur fait, ils iront payer trois francs au grand bazar ce que le gantier en boutique leur vendra quatre francs cinquante.

Ce raisonnement, je me le suis fait, vous vous l'êtes fait, il court les rues. Il est peut-être faux ; qu'importe ? il a l'air d'être vrai. C'est une force de plus pour les monstres diaboliques contre lesquels les victimes marquées pour le sacrifice se débattront en vain.

Mais ce n'est pas seulement dans les mœurs de Paris que le grand bazar a causé une perturbation, c'est encore dans l'éducation générale.

Prenez une famille de bourgeois dînant ensemble le dimanche, n'importe où, dans Paris. Il y a des papas, des mamans et des fillettes. L'un des papas, incidemment, a causé peinture, et il dit aux fillettes :

— Vous voilà grandes, si vous voulez, demain, je vous conduirai moi-même au Louvre.

Les fillettes battent des mains.

— Oh ! oui, quel bonheur !

— Mais, reprend le père, je ne réfléchissais pas à la fermeture hebdomadaire. Nous n'irons que mardi, car le lundi, on balaye, on frotte toutes les salles, et les galeries sont fermées au public.

— Mais, non, monsieur !

— Mais non, père !

— Mais non, mon oncle !

— Vous vous trompez, monsieur, dit la plus impatiente des petites, le Louvre est fermé le dimanche, mais pas le lundi. Je le sais très bien.

— Tiens ! de mon temps, c'était le lundi, dit un autre papa.

— Mais non, mais non, c'est le dimanche, car les commis et les demoiselles vont se promener le dimanche, naturellement.

— Comment, les commis et les demoiselles ? Je vous parle du Louvre, musée, du Louvre, palais des arts, du Louvre, admirable temple des statues et des tableaux.

— Ah !... murmurent les petites, toutes déconfites, nous voulions parler du magasin.

Douleur secrète de l'homme d'âge, qui voit que le nom même du vieux Louvre ne le sauvera pas de la confusion, et que ses merveilles séculaires ne sont déjà plus rien, à côté du grand bazar qui a pris son nom pour enseigne !

Que celui à qui cette scène d'intérieur n'a pas été offerte, et plusieurs fois, me jette la première pierre ! Le palais des rois, le palais des arts, que dans notre adolescence nous apprenions par cœur, est délaissé, oublié, perdu de vue. Il disparaît, avec ses chefs-d'œuvre italiens et flamands, puisque son nom même n'appelle plus dans les cervelets de notre temps que la convoitise des coquetteries entassées à quelques mètres de ses galeries !

Paris compte aujourd'hui une vingtaine de grands bazars. Les uns sont puissants, les autres sont en passe de le devenir, ou en passe de succomber. Tous sont édifiés sur les mêmes principes, et leur création a eu pour origine la même théorie : séduire la femme par des avantages réels ou fictifs et l'envelopper dans la séduction.

Il faut que leur influence sur la vie moderne soit considérable pour que leurs noms, — répétés par la réclame, je le sais, — soient connus sur toute la surface du globe, pour que les Parisiens aient déjà commencé à les regarder sans rire, et pour que nombre d'écrivains aient déjà songé à commencer leur histoire.

Qui n'a visité, au moins une fois dans sa vie, Le Louvre, Le Bon-Marché, Le Printemps, La Ville de Saint-Denis, Pygmalion, Le Tapis-Rouge, La Place-Clichy, Le Gagne-Petit, La Ville de Londres, Le Petit-Saint-Thomas, Le Pauvre-Jacques, etc. ?

La liste des morts qui n'ont pu supporter le choc de leurs rivaux est déjà longue, ce qui tendrait à prouver que Paris ne peut en alimenter qu'un certain nombre, ou que l'heure du triomphe absolu et quand même n'a pas encore sonné.

Le Pauvre-Diable, le premier créé, a été tué par le Louvre en 1878, après une lutte héroïque.

Le Coin-de-Rue a eu le même sort.

Les Magasins de la Paix ont dû liquider à la même époque.

La Capitale, La Ville de Paris ont disparu par des causes qui ont toujours eu pour dominante la concurrence. C'est toujours le *struggle for life*.

La conception des grands bazars remonte aux premières années de l'Empire. On faisait grand, à cette époque de prospérité, que la prospérité de la troisième République a pourtant dépassée.

Un grand préfet, M. Haussmann, traçait de grandes rues, de grandes avenues et de grands boulevards, le long desquels on construisait de grandes maisons, de grands hôtels et de grands théâtres. Le siècle de la transformation industrielle était au milieu de sa course et au début de sa grandeur.

L'idée du grand bazar vint à plusieurs négociants. Ils l'appliquèrent, et firent grand, eux aussi. Le succès ne fut pas pour tout le monde, mais il fut insensé pour quelques-uns.

L'agencement des magasins, la disposition des

étoffes, la division des rayons, la multiplicité des objets séduisants, tout devint en peu de mois une affaire de mode, puis un besoin. Quand Paris vit que cette féerie durait, et qu'elle était sérieuse, il s'en fut la voir avec frénésie.

Après la guerre, quand la fortune publique, un instant ébranlée, fut de nouveau assise, l'essor fut prodigieux.

Il fut tel que d'anciens marchands, dédaigneux jusque-là de ce luxe, de ce bruit, de ce puff, de cette réclame qui emplissaient le monde et amenaient l'acheteur, billets de banque en main, autour des lustres éblouissants où il perdait la tête, renoncèrent à leur vieux système et se mirent à la hauteur. C'est ainsi qu'on vit en 1878, un magasin étroit et sombre de la butte des Moulins, le Gagne-Petit, où les comptoirs étaient encore éclairés à l'huile et où l'on marchait sur de la paille les jours d'hiver, se transporter au milieu de l'avenue de l'Opéra, s'y bâtir un palais, et offrir à une clientèle séculaire le confortable, le chic des grands bazars nouveaux, avec les agrandissements que comportait un pareil acquiescement au nouvel état de choses.

La lutte s'engagea entre les anciens et les nouveaux venus; ceux-ci dirigés par deux hommes ou par un seul, avec des fonds demandés au travail même de la bête apocalyptique qu'ils avaient jetée dans le monde ; ceux-là soutenus par des actionnaires ; ceux-ci bien tenus, ceux-là mal surveillés.

Le public, étourdi, allait un peu à tous.

Il les étudia, il les jaugea. Pour lui, la différence entre les bons et les médiocres fut bientôt établie. Il négligea ceux-ci, pour porter tout son argent à ceux-là. D'où la mort des uns et le puissant accroissement des autres.

Aujourd'hui, parmi les grands bazars dont la liste précède, deux colosses paraissent avoir dépassé les espérances de leurs fondateurs et tenir la corde dans ce steeple-chase, où les millions ne sont pas des obstacles : c'est le Louvre, et c'est le Bon-Marché. Évidemment ils sont les deux géants de la poussée formidable des grands bazars.

Sous notre troisième république, le duel de ces deux colosses, debout sur chaque rive de la Seine, est en pleine action.

D'un bord à l'autre, ils se jettent sans répit les réclames et les millions.

Lequel des deux supplantera l'autre ?

Paris est-il assez grand pour tous les deux ?

Usent-ils des mêmes procédés pour s'assurer l'avenir comme ils ont le présent ? Jouent-ils au public le même air ?

Leur différence dans la manière d'être et de plaire n'est-elle pas au contraire une raison pour qu'ils grandissent encore l'un en face de l'autre, au lieu de s'exterminer?

Peu nous importe. C'est leur organisation intérieure qui est caractéristique.

LA PARADE

Que le visiteur entre au grand bazar par la porte de l'Ouest ou par la porte du Nord, par celle de l'Est ou par celle du Midi, qui sont les quatre points cardinaux de ce nouveau monde, son œil rencontrera le même tableau surprenant de dentelles et de rideaux suspendus aux murs, de lingeries empilées et de nouveautés étagées en pyramides, de rubans et de satins jetés négligemment sur les comptoirs, de robes étalées, de soieries multicolores chiffonnées en zig-zag, de cartons ouverts et de bibelots rangés comme les livres d'une curieuse bibliothèque, de commis courant, saluant et offrant leurs services, de femmes affairées cherchant leur route, d'enfants bousculés de-

mandant des ballons, d'inspecteurs cravatés de blanc
renseignant les caravanes exotiques, tout cela ruis-
selant de lumière, en plein soleil ou sous la lumière
électrique, et piétinant, bruissant, bourdonnant sur
ce mode sourd, indéfinissable qui est la mélopée
des foules.

Les jours d'exposition, où les pointeurs enregistrent
jusqu'à 70,000 entrées pendant huit heures, cette mer
humaine est indescriptible. Le visiteur est porté par
le courant, sans pouvoir se diriger lui-même, et
l'effet que produit sur lui ce brouhaha n'est autre
qu'un étourdissement complet. Il ne sait plus ni où
il va, ni d'où il vient. La configuration du quadri-
latère lui échappe. Engagé dans un reflux féminin
qui se précipite vers les gants, il roule jusqu'aux
gants, d'où un courant inverse le rejette sur les
jouets d'enfants, et de là dans les couvertures de
laine. Bien malin qui lui indiquerait sa route dans
ce chassé-croisé tumultueux.

Son œil a beau chercher, il ne rencontre que les
marchandises superposées et défaites, surmontées de
milliers de pancartes indicatrices qui ne portent
malheureusement que les chiffres fantastiques
auxquels on offre au public les mirifiques *occasions*
et les incroyables *bons marchés*. Mais ce n'est pas
tant la topographie qui l'inquiète. Il sait qu'il n'a

qu'à demander son chemin deux ou trois fois pour
gagner une porte de sortie, souvent à l'opposé de
celle qu'il croit tenir. Ce qui le rend perplexe, c'est
ce fouillis apparent, ce désordre magistral dans
lequel il lui semble que la ruine finale doive être
engendrée à bref délai ; c'est cette foire où tout le
monde choisit, tâte, mesure et emporte, sans qu'il y
ait apparence de règlement pour tout le monde.

Oui, c'est là l'impression du visiteur ; et moi-même
je l'ai ressentie vingt fois au Louvre, comme au
Bon-Marché, alors que je venais de faire de modestes
emplettes, songeant vaguement à l'histoire future
des grands bazars.

Le mécanisme est pourtant bien simple, une fois
qu'on le connaît. Il est, à quelques détails près, le
même dans tous les grands magasins de nouveautés
de Paris.

Le grand bazar est généralement subdivisé en une
cinquantaine de départements, comptoirs ou rayons.
La nomenclature de ces rayons est longue, mais elle
est intéressante en plusieurs points. On retrouve
dans ces subdivisions autant de maisons de commerce spéciales, réunies en faisceau sous une
direction unique. La position sociale des personnes
qui dirigent ces rayons est à peu près celle de fer-
miers généraux tenant leur ferme d'un seul proprié-

taire et partageant avec lui les bénéfices de la production. On connaît, au reste, ces divisions par les innombrables catalogues que répand à profusion le grand bazar sur toute la surface du globe.

Chacun de ces rayons est une véritable maison de commerce de premier ordre. En effet, le rayon des gants fait à lui tout seul, dans le grand bazar, jusqu'à 90,000 francs d'affaires en une journée, à l'époque des expositions. Celui des peignoirs fait dans un jour 60.000 francs. Celui de la parfumerie 40,000 francs. C'est donc par millions que se chiffrent les affaires de la plupart de ces rayons ou comptoirs.

Aussi la situation des chefs de rayon est-elle considérable. Ils dirigent leurs départements absolument comme les colonels font manœuvrer leurs régiments d'après les instructions du général. Ils sont intéressés sur le chiffre d'affaires que produit leur rayon à la fin de l'année ; et ce, à l'exclusion de leurs subalternes, qui ne sont intéressés que sur leur vente personnelle. Cette association qui va des chefs de comptoir au dernier ficeleur de paquets — lequel a tant pour cent sur les paquets qu'il confectionne — est tout à fait originale.

Le chef de rayon ou de comptoir a sous ses ordres immédiats deux seconds. Il faut dire qu'il s'appelle aussi *premier*, et que les demoiselles qui sont à la tête des rayons desservis par des femmes s'appellent des *premières*, ne pouvant décemment porter la dénomination de « cheffesses de comptoir. »

Le rôle du chef de rayon ou de la première consiste à régler dans tous ses détails la marche du rayon pendant toute l'année, à surveiller les achats, à les provoquer, à décider les transactions avec les marchands en gros, le tout sous la surveillance du directeur suprême et des intéressés principaux, qui sont ses lieutenants directs et qui participent aux bénéfices de toute la maison. Le chef de rayon va en voyage quand les besoins de son département l'exigent. Celui des soies va à Lyon, celui des toiles en Basse-Normandie, celui des draps à Roubaix, celui des tapis à Smyrne, en Perse et dans l'Inde. On pense que l'absence de ce dernier est assez longue ; aussi est-il presque toujours suppléé à Paris par ses seconds.

Le chef de rayon et ses deux seconds sont intéressés sur le chiffre d'affaires ou sur les bénéfices nets du rayon, réglés à la fin de chaque année.

Il n'en est pas de même des trente ou quarante vendeurs ou vendeuses qui forment leur troupe d'opérations. Ceux-ci et celles-là sont intéressés sur le chiffre de leur vente quotidienne, ce qui est différent. Chaque semaine les comptes de ces employés sont faits par les caisses, et on les paie le jour même en proportion des objets qui ont été vendus par leurs soins.

C'est ce qui explique l'empressement de ces jeunes gens et de ces demoiselles au-devant du public. Chacun cherche à conquérir un client. L'abus de ce steeple-chase serait immédiat, si les tours de rôle n'étaient réglés d'avance. Il existe en effet une sorte de roulement en vertu duquel le premier vendeur reprend autant que possible son tour lorsque ses camarades ont aussi « fait quelque chose. »

A côté de ces employés des deux sexes, vendeurs et vendeuses, qui sont l'âme de l'affaire, se tiennent, au Louvre du moins, des filles de boutique enveloppées de grandes blouses noires et appelées auxiliaires. Elles sont payées à la journée, comme les ménagères, et leur rôle consiste à appeler les articles aux caisses pour faciliter, les jours de cohue, le travail des vendeurs et permettre à ceux-ci de ne pas perdre un temps précieux.

Tel est, dans toute sa simplicité, le personnel de chaque rayon des grands bazars. Le public n'est guère en contact qu'avec les vendeurs ou vendeuses, mais il remarque de temps en temps qu'un monsieur impératif ou qu'une dame un peu aigre adresse la

parole à l'essaim qui bourdonne autour des comptoirs. C'est le premier ou la première, c'est un second
ou une seconde qui donnent des ordres ou font des
réprimandes.

Ce que le public voit encore, dans le grand bazar,
c'est le buffet, innovation empruntée à l'Amérique,
où se presse la foule des femmes et des enfants
assoifés de sirop de grenadine et de gâteaux divers.
Il y a des jours où le buffet est comme un champ
de bataille, où les inspecteurs sont obligés de contenir des dames qui reviennent trop souvent se désaltérer, et grignoter trop fréquemment des babas.
Pendant certains jours, le buffet débite 70 litres de
sirop et 3,000 gâteaux de toute sorte. Le Louvre
et le Bon-Marché se disputent là-dessus. C'est à qui
fournira le plus de sirop de groseille au public
féminin qui honore les galeries de sa présence. On
fait queue autour de ces buffets, et on y prend à se
désaltérer plus de mal et plus de soif que si l'on restait tranquille. Mais la femme est ainsi faite ; et puis
les enfants poussent beaucoup les mères vers le buffet.

Au Louvre, la salle de lecture y confine. Comme
le buffet, elle a été mise à la mode par le Bon-
Marché, chez qui nous la retrouvons plus vaste. Au
Louvre, on l'a facilement aménagée en installant
une cloison roulante dans la magnifique salle à man-

ger de l'hôtel. Sur les tables se trouvent les journaux de Paris et de l'étranger, du papier à lettre, des enveloppes et des plumes dont la femme se sert volontiers pour écrire ses pattes de mouche entre deux achats; il y a une boîte aux lettres qu'on lève plusieurs fois par jour. Assurément les maris n'ont pas une idée des lettres d'amour qui sortent quotidiennement de cette boîte.

Enfin les femmes qui vont dégrafer leurs robes dans le salon d'essayage, mettre leurs épaules à nu et essayer des corsets ou des costumes sous l'œil vigilant de leurs vendeuses, ont remarqué une petite cassette en verre transparent qui se trouve fixée dans le mur de ces salons capitonnés, tout en tapis et tout en glaces.

L'histoire de ces cassettes en verre est curieuse comme le reste.

L'administration s'était émue de plaintes nombreuses et quelquefois vraisemblables, émanant de certaines grandes ou petites dames, mondaines ou bourgeoises, qui déclaraient que pendant l'essayage, des femmes, étrangères au magasin comme elles, étaient entrées sous un prétexte quelconque dans ce salon et leur avaient pris une montre, un bracelet, un bijou quelconque, déposé sur une chaise avec les robes dégrafées.

Pour éviter des réclamations qui se multipliaient trop pour être toutes sincères, l'administration eut l'idée de faire sceller dans le mur ces cassettes transparentes, en forme de vide-poche ovale. Au-dessus une plaque en cuivre mobile, qu'on soulève du doigt pour introduire les bijoux dans la cassette et qui retombe avec un bruit sec dès qu'on retire la main.

Le piège est simple. La vendeuse prie sa cliente de déposer ses bijoux dans la cassette avant de procéder aux cérémonies de l'essayage. Cela fait, on n'a plus qu'à prêter l'oreille. On voit toujours les bijoux, grâce au verre, et si une main criminelle cherchait à les enlever, le couvercle en cuivre, retombant sèchement sur le verre, trahirait de suite l'indélicate visiteuse.

On n'est pas plus ingénieux. Nous verrons plus tard comme l'expérience a rendu les grands bazars défiants et rusés à l'égard de leur prochain.

Que voit encore le public?

Les ascenseurs, les balances. Ce sont deux de ses amusements. Il va au Louvre avec la préméditation de monter dans l'ascenseur, de se faire peser, de faire peser ses enfants.

Les huissiers à chaîne qui font asseoir le bourgeois dans un fauteuil et qui lui délivrent un ticket gratuit mentionnant ce qu'il pèse, n'ont pas là une sinécure ; ils édifient sur leur poids environ 3,800 personnes par jour. S'ils percevaient dix centimes par personne, comme leurs humbles collègues des Champs-Élysées, la recette quotidienne de cette petite badauderie ne serait pas à dédaigner.

Enfin, quand le public a jeté un coup d'œil distrait aux caisses où le bourdonnement et les écritures l'étonnent un instant, il a vu ce qu'il lui est permis de voir dans le grand bazar.

Chaque caisse se compose d'un commis aux écritures, qui est caissier en même temps. Le vendeur ou l'auxiliaire, chargé de recevoir la marchandise de ses mains, fait le débit à la caisse ; débiter, c'est faire inscrire sur un livre de caisse la marchandise choisie par le client, et en recevoir le montant. Tout article qui va aux caisses est accompagné d'une note de débit contenant la liste de tous les objets de l'achat du client. Le débiteur ou la débitrice, — vendeur, vendeuse ou auxiliaire — appelle cette note, le caissier l'inscrit, calcule et en reçoit le montant. Chaque jour les notes de débit sont contrôlées avec les livres de caisse par un personnel spécial qui varie de 40 à 50 employés. Ces employés mettent la journée entière à vérifier les caisses de la veille.

Les caissiers remettent chaque soir leurs recettes à un caissier principal, après avoir additionné leurs livres et vérifié, eux-mêmes, une première fois leurs comptes. La caisse centrale vérifie à son tour, expédie les espèces à la Banque de France, en retenant ce qui lui est nécessaire pour payer les achats qui alimentent les magasins.

Le service des expéditions en province, accessoire d'abord, est devenu formidable. Il n'emploie pas moins de quatre cents personnes dont deux cents sont préposées à l'ouverture d'un courrier qui varie entre 4,000 et 5,000 lettres par jour, pour chaque grand bazar. Un ou plusieurs facteurs ne pourraient livrer pareille correspondance qu'avec un petit wagon. Aussi s'est-on entendu avec le ministre des Postes et Télégraphes pour la faire retirer chaque matin au bureau central, par une voiture spéciale.

Le dépouillement de ce courrier, le classement des lettres par numéro, les envois d'échantillons, les réponses, et enfin l'expédition des marchandises demandées par le courrier du jour, tout est exécuté dans la même journée.

Telle est la disposition générale de ces Babels, qui ébahissent la foule et qui l'étourdissent de leurs bourdonnements de ruches sans cesse en travail.

LE BAZAR SOUTERRAIN

L'immense foule qui grouille et qui gronde au rez-de-chaussée du grand bazar ne se doute certes pas de l'étendue des souterrains où se fait, comme on dit, la cuisine.

Elle assiste au spectacle sans cesse renouvelé des étoffes qui chatoient, des soieries qui étincellent, des cachemires qui resplendissent aux rayons de mille candélabres sans se demander où sont les coulisses du théâtre.

C'est à peine si quelques curieux, rencontrant çà et là sur leurs pas, au milieu du tohu-bohu quotidien, un escalier mystérieux ou une glissière béante, interrogent les inspecteurs de service pour leur demander « où cela va. »

Cela va directement dans les caves. C'est dans les sous-sols de l'immeuble que se prépare et que se répare la merveilleuse féerie de chaque jour. Au Bon - Marché, les souterrains ont été aménagés exprès pour l'usage qu'on en fait actuellement. Ils sont immenses. Au Louvre, c'est plus petit et partant plus curieux. La sarabande des coulisses y paraît plus intense. C'est ainsi que le foyer de l'ancien Opéra, rue Le Peletier, rendait plus grouillants les bals du carnaval, trop largement installés aujourd'hui dans le théâtre de M. Garnier.

Le Louvre ayant absorbé tout l'immeuble situé entre les rues de Marengo, Saint-Honoré, la place du Palais-Royal et la rue de Rivoli, tous les murs des caves ont été percés. Une file non interrompue de catacombes modernes a été méthodiquement disposée autour d'une cave centrale qu'on a réduite à des proportions raisonnables, — celle où dorment les vins de l'hôtel enclavé. On s'y perd ; du reste le visiteur trop curieux ne pourrait faire dix pas sans abandonner tout espoir de remonter incognito à la lumière du jour.

Il faut, pour parcourir ces souterrains immenses, les guides aimables que l'auteur a rencontrés.

Si l'on descend par l'escalier ouvert sur la rue de Rivoli , et dont un portier-consigne défend l'accès à toute personne étrangère au service, on rencontre d'abord les chambres des machines à vapeur et des machines électriques. Deux générateurs du système Belleville, avec leur personnel ordinaire de chauffeurs, alimentent quatre puissantes locomobiles Corliss, qui, à la tombée de la nuit, mettent en mouvement les machines électriques et envoient ainsi la lumière aux candélabres Jablochkoff. En regardant les mécaniciens surveiller leurs pistons solides, leurs bielles énormes, toujours agissantes, brillantes comme de l'argent, on se croirait transporté dans le ventre de quelque transatlantique soufflant entre le Havre et New-York.

Une petite machine électro-dynamique sert à envoyer au travers de la rue Saint-Honoré, sur un fil double, la force nécessaire au gonflement des petits ballons, joie des enfants, dont nous aurons à reparler tout à l'heure.

Non loin de ces machines se tiennent alignés de petits ateliers de réparations menues, l'atelier du plombier, grand comme une guérite, celui du menuisier, celui du zingueur, celui du serrurier, celui du peintre. Une petite forge, avec son petit fourneau, son petit soufflet et sa petite enclume, donne bien au

visiteur l'impression exacte du travail qui se fait là ;
c'est ce qu'on appelle le *courant* : tuyaux à souder,
clous à mettre, boiseries à raboter, boiseries à peindre.

Quelques détours entre des magasins où sont empilées des marchandises en réserve, et l'on rencontre
la papeterie. Une papeterie de six pieds carrés dans
le sous-sol. Pourquoi faire ? La chose est simple :
les trois mille employés des deux sexes qui travaillent chaque jour au rez-de-chaussée et au premier
étage usent par milliers des carnets, des fiches, des
crayons, des registres, des épingles, des agrafes, des
pains à cacheter, des étiquettes, de la ficelle. Au lieu
d'acheter toutes ces fournitures, qui montent à la fin
de l'année à un chiffre énorme, le grand bazar
s'est institué son propre fournisseur.

C'est en vertu de cette résolution, du reste, que ses
sous-sols sont remplis de gens dont la profession est
tout à fait étrangère à la vente des nouveautés.

Les préposés à la papeterie sont vêtus de longues
blouses grises ; ils ne cessent d'inscrire, pendant tout
le jour, ce que les commis viennent chercher dans
leur magasin. Contre des bons signés par les chefs
de rayon, ils livrent tout ce dont les cinquante-quatre rayons ont besoin.

Plus loin la librairie.

Le libraire du grand bazar est encore un employé de la maison. Ses fonctions ne consistent pas, comme on pourrait le croire, à vendre au public ou même aux demoiselles de magasin le dernier roman paru, ou la pièce en vogue. Il est simplement dépositaire de toutes les brochures qui sont distribuées aux clients, de tous les prospectus qu'on envoie dans Paris, de tous les catalogues qu'on offre aux visiteurs. L'expédition, par centaines de mille, des catalogues en province et à l'étranger, constitue une administration entière, un état dans l'état, dont les développements sont gigantesques.

Après la librairie, une file interminable de pièces carrées, vitrées, dans lesquelles sont entassées ce qu'on appelle les *réserves*.

Réserve de la bonneterie, réserve de la parfumerie, réserve de la fantaisie, réserve de l'article de Paris, et autres. On comprend aisément que le jeune homme qui vend les rideaux au premier étage, par exemple, n'ait pas dans ses casiers tous les rideaux que le magasin pourrait vendre en une semaine ou même en un jour. Il y aurait encombrement des rayons au détriment de la coquetterie, de l'art, de l'agencement des galeries où circule le public. L'employé des rideaux n'a que dix ou douze rideaux sous la main, pour ainsi dire des échantillons.

Une dame se présente et achète trois paires de rideaux. Le commis descend à la réserve des rideaux
par le chemin le plus court, prend les trois paires
demandées, et en donne reçu au préposé de la réserve. Ainsi s'explique cette absence soudaine des
commis de nouveautés au moment où l'on fait une
emplette, absence dont la cause échappe à bien des
gens.

La description des réserves ne serait qu'une nomenclature de marchandises de toutes les prove-
nances ; passons. Le lecteur supposera qu'il a suivi
un long couloir dont toutes les portes donnent sur
les magasins de gros d'un négociant formidable, et
nous arriverons au Salon des Lumières.

Quand la Parisienne vient acheter l'étoffe de soie
ou de satin qui doit servir à la déshabiller le plus
possible au bal de madame X... ou à la fête de M. Z...,
elle prend toujours soin de venir à l'heure où les
chandelles sont allumées. Mais les chandelles ayant
été remplacées presque partout par l'électricité,
et toutes les Parisiennes ne pouvant pas venir, au
surplus, choisir leurs étoffes à la nuit close, il
s'ensuit que les soieries vues en plein jour, ou
sous le reflet blanc des bougies électriques, ne
donnent pas à l'œil la couleur réelle, le ton
vrai qu'elles devront avoir chez Mme X... ou

chez M. Z..., dont les salons seront inondés par la lumière jaune et banale du gaz.

On a donc imaginé de supprimer les deux inconvénients et on a installé dans le grand bazar un Salon des Lumières, toujours éclairé par deux petits lustres. Un petit escalier recouvert d'un moelleux tapis conduit les visiteurs dans ce retiro discret. Les Parisiennes le connaissent bien et il n'en est pas une qui, choisissant un flot de soie bleue à deux heures de l'après-midi, ne dise à son vendeur :

— Allons voir l'effet que fera l'étoffe au salon des Lumières.

Je dois dire qu'à côté de ce salon, un autre salon des dames, W. C. *for ladies only*, discret et tout orné de velours, attire également son contingent obligé de clientes. Glissons sur ce détail intime, en observant toutefois que certaines voleuses des grands bazars font de cet endroit leur quartier général. C'est là qu'elles viennent dissimuler les objets volés sous leurs vêtements.

Le contrôle, salle où cinquante employés vérifient les bulletins de chaque vendeur et pointent tous les documents destinés à la caisse de la journée, et la réserve des *rendus*, où sont classés par ordre les objets refusés par les clients et destinés à regagner leur ancienne place au grand jour, sont deux compartiments curieux des souterrains. Le premier, par l'incroyable travail de vérification qui s'y opère, mais que son aridité technique éloigne trop de notre sujet, le second par la philosophie caractéristique avec laquelle son préposé reçoit les objets « qui ont cessé de plaire. »

Les grands bazars en sont arrivés en effet au résultat incroyable de reprendre au public ce qui ne lui convient plus, et ce, sans marchander, sans chicaner, avec un flegme qui étonne à bon droit l'observateur. Il est établi qu'une confection de 400 francs par exemple, qui a été livrée le lundi, et payée par la cliente, sera reprise à cette même cliente huit jours après, et remboursée intégralement si la cliente vient demander qu'on la lui reprenne, en disant qu'elle ne lui convient pas.

Petit ou gros, cher ou bon marché, l'objet qui déplaît au public rentre dans le grand bazar, et le caissier qui a reçu l'argent rend cet argent sans aigreur, sans formalités surtout. Voilà où est l'originalité de l'idée. Nous verrons quels effets singuliers elle produit.

Dans le sous-sol, on appelle ces objets les *rendus*.

Les anecdotes à ce sujet sont nombreuses et curieuses; mais dans les caves du grand bazar on me les a contées avec une philosophie qui, je le répète, est vraiment caractéristique.

Une dame très élégante vient au premier étage, section des modes, faire son choix de deux chapeaux de cérémonie, très chers.

— Vous me les enverrez demain matin, à telle heure, n'est-ce pas mademoiselle? Je choisirai...

— Bien, madame, répond la vendeuse.

— Telle rue, tel numéro... Si j'étais absente, on les laisserait. Je ferai mon choix et on pourra reprendre les cartons après-demain en venant toucher la facture. J'en garderai au moins un, pour sûr.

Le lendemain, un garçon à l'habit bleu de roi va de son pied léger porter les deux chapeaux à l'adresse indiquée. La dame est absente. Chose convenue, il laisse les deux chapeaux. Madame choisira.

Le surlendemain, il reparait. La dame a changé d'avis. Elle le dit au garçon. Ces chapeaux sont décidément trop chers.

Le garçon les remporte sans mot dire et descend aussitôt à la réserve des *rendus*, où l'on constate que les deux chapeaux sont intacts extérieurement, mais que des traces imperceptibles de poudre de riz, une odeur agréable, une déformation légère attestent qu'ils ont été portés. La dame a eu besoin d'un joli chapeau pour aller à une messe de mariage, et elle a employé ce subterfuge pour ne pas délier les cordons de sa bourse mignonne.

— Mais, direz-vous, et l'autre chapeau ? Qui donc l'a porté ?

— Eh ! ne l'avez-vous point deviné déjà ? Une amie !

Ce fait se renouvelle fréquemment. La réserve des rendus absorbe dans un silencieux classement ces témoignages irrécusables de la malignité féminine, et au milieu du roulement frénétique des pièces d'or qui tombent à cette minute même sur les plaques de cuivre des caisses, l'oreille du maître, si fine et si prompte, entend à peine la réflexion goguenarde du préposé aux rendus, qui tous les jours enrichit sa mémoire d'une *féminerie* nouvelle.

En suivant toujours le souterrain du grand bazar, on arrive successivement à deux encoignures où se trouvent deux industries à noter : celle de la réception des marchandises entrant en gros, et celle des paquets sortant pour aller dans Paris et dans la banlieue.

Ces deux opérations extrêmes se font sous la même latitude. L'une est l'*alpha* du grand bazar. L'autre en est l'*oméga*. Ici les camionneurs des chemins de fer qui apportent les colis informes, massifs, pesants. Là les garçons agiles, qui ficellent la marchandise vendue, l'enveloppent dans du papier gris et collent dessus l'étiquette. Ceci descend dans les caves ; cela va sortir des caves. La marchandise que ficellent les garçons a été apportée il y a peu de jours, hier peut-être, par ces mêmes camionneurs.

Pour aller de la cave des réceptions à la cave des paquets parisiens, elle a passé par dix transformations, par dix classements. Elle a été inscrite, développée, parée, montrée, étalée, vendue et finalement empaquetée.

Son histoire résume toute l'économie du grand bazar.

L'absorption des colis destinés à la consommation du grand bazar est gigantesque.

Du nord, du midi, de l'Angleterre, de l'Allemagne et de l'Orient arrivent des chargements surhumains. Tout cela passe sur une plaque de fer, pesage numéroteur qui inscrit et qui vérifie les poids. Une large glissière descend dans les sous-sols. On y enferme les ballots. Ils sont arrivés aussitôt à la réception. Là on déballe et on étale tout sur des comptoirs où tout est marqué, et poinçonné minutieusement. Deux cents personnes font ce travail, auquel n'échappe pas le plus petit mouchoir de poche.

On reçoit également dans cet endroit les objets travaillés dans Paris, par des ouvriers en chambre ou dans les ouvroirs, dans les prisons, pour le compte du grand bazar ; c'est le gouffre où entre à l'état informe l'attirail effrayant de la séduction. On distribue chaque série, d'objets à son rayon correspondant, et tout s'en va, de droite ou de gauche, aux rayons publics et aux réserves de ces rayons. La marchandise ne séjourne jamais dans ce purgatoire des étoffes attirantes et des bibelots fascinants.

A l'autre bout des souterrains, au contraire, les garçons ficellent et empilent les paquets destinés à Paris dans une série de grands casiers qui portent des plaques indicatrices en cuivre jaune : Madeleine, Observatoire, Bastille, Neuilly, Plaisance, Maisons-Laffitte, Montmartre, Gobelins, Passy, etc.

Ces paquets, déjà commencés au rez-de-chaussée, arrivent par des glissières et descendent tout seuls dans des paniers montés sur des tricycles qui, poussés par un garçon de manœuvre, sont dirigés en tous sens au-devant des casiers.

Le grand bazar a ses pompiers, nécessairement. Ils sont bien à lui. Il les paie, il les loge, il les nourrit et il leur confère leurs grades. Au Louvre, ces pompiers sont au nombre de 18, en y comprenant les sous-officiers, qui sont :

1 Sergent-major, 1 Sergent, 2 Caporaux.

Leur chef est un ancien capitaine des pompiers de Paris. Eux-mêmes sortent directement de ce corps d'élite ou de l'infanterie. Ils ont le même uni-

forme que les pompiers de Paris, avec cette différence que le col de leur veste porte une initiale au
lieu d'une grenade. Leur corps de garde et la chambre
des sergents est dans le sous-sol, près de la papeterie. Ces pièces sont mises en relation électrique
avec le poste de la rue Jean-Jacques-Rousseau et
avec les quarante-cinq petits postes intérieurs qui
sont aménagés dans l'immeuble. Ces quarante-cinq
postes sont apparents et peuvent s'ouvrir par n'importe qui. Ils renferment quarante-cinq lances toutes
prêtes qui peuvent converger sur un point central,
tant la charge d'eau qui les alimente à toute heure est
puissante.

Cette organisation, avec les rondes incessantes de
jour et de nuit, les compteurs et la surveillance
minutieuse des hommes de garde, est à ce point
suffisante que le Louvre n'a pas de pompes. A quoi
servirait en effet une pompe, si puissante qu'elle fût,
au milieu du déluge d'eau que peuvent lâcher, à
tous les étages, les quarante-cinq prises indiquées
plus haut?

CUISINE ET CUISINIERS

Comment vit cette armée d'hommes et de femmes
employée aux rayons et aux comptoirs de l'immense
magasin ? Où déjeune-t-elle ? Dîne-t-elle le soir à la
table de famille, éparpillée aux mille coins de Paris
et de la banlieue ?

Non. Une idée originale des créateurs de ces
bazars a été de nourrir l'employé.

L'idée a trouvé des détracteurs au début, mais
comme le *modus vivendi* décrété par les maîtres était
une condition de l'admission aux comptoirs,
comme il fallait accepter la nourriture pour entrer dans la grande machine, les réfectoires des
employés furent créés. Au Bon-Marché, les réfec-

toires spacieux, splendides, sont installés au quatrième étage de l'immeuble. Au Louvre, ils sont étranglés dans les souterrains. Je n'ai pas l'intention de faire l'histoire de cette révolution.

Quand on vit pour la première fois, il y a dix ans, les jeunes gens et les jeunes filles disparaître pour prendre leur repas, on sourit. Aujourd'hui le public sait très bien que le grand bazar nourrit, à quelques exceptions près, ses trois mille employés des deux sexes — et deux fois par jour — ce qui fait environ 6,000 repas toutes les 24 heures, à raison de deux services chaque, ce qui fait 12,000 rations.

Aussi, quelles cuisines, quels offices et quels réfectoires !

Le Louvre possède même une boucherie! On n'y tue pas encore les animaux, mais cela viendra. Aujourd'hui, on n'y voit que les quartiers de bœuf étalés tout rutilants sur la claie, les moutons entiers pendus au plafond, avec leurs côtes roses et blanches, leurs gigots rebondis et leurs selles grassouillettes, les veaux entr'ouverts, avec leurs têtes exsangues, tirant une langue fade, étalées sur des comptoirs sanglants. Le boucher en chef, qui se tient là tout le jour, livre aux cuisines dans une semaine, chiffre moyen :

10 bœufs.
42 veaux.
70 moutons.

Les cuisines des grands bazars sont immenses.
Un chef général des chaudières y commande à un
bataillon toujours cuisinant d'aides, de cuisiniers,
de mitrons et de laveurs de vaisselle. J'ai vu un
our deux hommes vigoureux ramer positivement
à tour de bras dans une gigantesque marmite. Je
me penchais sur le rebord de cet abîme où je crai-
gnais de tomber, et je reconnus que les deux tra-
vailleurs pilaient courageusement de la purée de
pommes de terre. Depuis ce jour-là seulement, je
me fais une idée des cuisines de Gargantua.
Il y avait là-dedans de la purée pour 3,000 hommes !

A côté de la cuisine se trouve l'office, avec tout
son attirail d'assiettes et de bouteilles.

Puis, les salles à manger des employés mâles et
des garçons. Ici les chefs de rayon, là les chefs
de comptoir, puis les petits commis. Enfin, les
humbles, les emballeurs, les facteurs, etc. Les salles
à manger ou réfectoires sont, au Louvre, d'anciennes caves aménagées à cet effet, et dont on
n'a point voulu percer les murs. Elles ne peuvent contenir que 70 dîneurs en moyenne. Aussi
a-t-on dû scinder les repas en trois fournées successives, le chiffre des employés mâles de toute classe
étant de 2,100 à l'heure du dîner.

Dans cette kyrielle de salles basses, éclairées de

becs de gaz protégés par des toiles métalliques, comme tous les sous-sols du Louvre, et meublées de petites tables à tapis verni, ou bien dans les vastes corridors éclairés par la pleine lumière au quatrième étage du Bon-Marché, il faut voir entrer les fournées de commis, subdivisées en sections dinatoires, lorsqu'ils franchissent le seuil de l'antre de la boustifaille.

Le premier dîner est servi à 5 h. 1/4, le deuxième à 5 h. 3/4, le troisième à 6 h. 1/4.

Rien de curieux comme le défilé devant les mitrons armés de pied en cap pour la célérité du service.

En effet, on a reconnu, que faire asseoir 700 hommes et les servir ensuite, demandait un temps relativement long, malgré toute l'agilité déployée, et l'on a renoncé à ce mode de service usité dans les pensionnats.

Aujourd'hui les dîneurs se présentent à la file indienne devant la porte des cuisines. Ces cuisines sont coupées en deux par un grillage de fer à larges guichets. L'économe et l'inspecteur de service sont à leur poste de surveillance. La place la plus large est réservée aux fourneaux, aux marmites et aux marmitons. La moins large sert au défilé des 700 dîneurs devant les guichets où ils prennent leur plat du jour, servi tout chaud par les aides de cuisine. La soupe, seule, est servie d'avance sur la table.

Ainsi le guichet n° 1 est celui des viandes. Le cuisinier de service y tient prêtes deux assiettes, au choix des dîneurs qui vont arriver. Dans une assiette du gigot froid, par exemple, dans l'autre du ragoût de mouton, chaud.

Au guichet n° 2 se tient un deuxième cuisinier avec le dessert : amandes ou confitures.

Au guichet n° 3, troisième cuisinier avec la demi-bouteille de vin réglementaire et le pain .

Enfin, au 4° guichet, quatrième cuisinier, avec des demi-bouteilles de vins supérieurs, bordeaux ou bourgogne, que les dîneurs peuvent s'offrir en sus moyennant 50 centimes.

Derrière chaque guichet, l'homme à veste blanche est posté, souple à deviner le choix du commis qui passe et aussi souple à remplacer la portion disparue. La réserve de M. Vatel se tient en arrière, prête à donner des renforts. Les jours où le « plat du jour » est avec sauce, un grand guichet est ouvert pour l'obtention d'une cuillerée à pot de ce complément nécessaire.

A la minute fixée par le règlement, la porte où sont groupés les premiers arrivants s'ouvre, et la foule se précipite, *turba ruit* ou *ruunt*, vers le guichet, mais avec un ordre remarquable dans un pareil tourbillon. Chacun passe lestement devant le guichet,

emporte le plat de son choix d'une main, le dessert
de l'autre, puis la demi-bouteille de vin et le reste.

En une demi-minute, le dîneur a saisi tout ce qui
lui revient, il a quitté la cuisine par une porte de dé-
gagement et s'est assis à sa place accoutumée, dans la
salle à manger de son rayon.

Une fois à table, tout ce monde dîne presque silen-
cieusement. On n'a rien à se dire ; on s'est vu toute
la journée ; on se reverra demain. Beaucoup de
dîneurs lisent leur journal en mangeant. Les autres
rêvent sans mot dire. Est-ce aux belles clientes qu'ils
ont dévisagées tout le jour? Mystère.

Le dîner des garçons est moins curieux, en ce sens
que ce sont des tablées de ferme ou d'auberge cam-
pagnarde. L'ordre y règne. On y fait silence, car la
consigne et la surveillance des brigadiers s'y exerce
constamment.

Passons à la salle à manger des demoiselles, « Salle
à manger des dames », dit-on au grand bazar. Car si,
nous autres gens du public, nous appelons les
employées du grand bazar des demoiselles de magasin,
le grand bazar les appelle officiellement « les dames. »
Il y a la salle de toilette des dames, les cabinets des
dames, la fontaine wallace des dames, petit robinet
d'eau claire où le sexe faible vient se désaltérer
pendant l'après-midi, pendant le coup de feu.

Donc, les dames du Louvre dînaient aussi dans les souterrains, il y a quelques années ; mais les développements sans cesse nouveaux du colosse les ont galamment tirées de ces trous noirs, bons tout au plus pour des hommes. Les dames dînent maintenant au premier, dans une espèce de salle de navire, avec des poutres en fer qui la font aussi ressembler à un pont tubulaire. Elles dînent là dedans en deux fournées, à raison de deux cent cinquante par fournée.

Le chef délègue son sous-chef qui prend place dans le coin du large réfectoire avec deux ou trois chaudières.

Le manège des commis se renouvelle, et on a dès lors ce spectacle toujours curieux de deux cent cinquante dames ou demoiselles qui n'ont pas généralement leur langue dans leur poche et qui bavardent comme des pies entre deux coups de fourchette. Le défilé féminin n'est pas moins curieux à suivre que le défilé masculin. C'est un essaim qui bruit et qui lance sans pitié des piqûres à son prochain.

Autrefois, je l'ai dit, les deux sexes dînaient au Louvre dans le sous-sol, mais afin d'éviter la promiscuité de tous ces jeunes hommes et de toutes ces jeunes femmes, on avait établi une barrière gardée par un portier-consigne, qui séparait les fils d'Adam des filles d'Ève. Aujourd'hui encore, afin de maintenir la rectitude des bonnes mœurs dans les souterrains, la barrière subsiste. Car pour n'y point prendre leur repas, les dames n'en ont pas moins besoin d'aller dans les sous-sols, soit pour se rafraichir, soit pour faire leur toilette, soit pour d'autres besoins.

Elles font tout ce qu'elles ont à faire dans un espace de quelques mètres, descendent et remontent par un seul escalier, et n'aperçoivent leurs collègues du sexe fort que par les barreaux de la porte fermée à double tour.

Pourquoi cette démarcation sévère dans les souterrains, alors qu'au grand jour on se mêle et on se parle à chaque instant? C'est que la clarté douteuse des becs de gaz qui ponctuent de place en place les corridors invite plus directement les cœurs à s'épancher.

Deux coins intéressants à visiter dans les grands bazars : la réserve du linge sale et d'échantillonnage de la soie.

Le département du linge sale est dirigé par deux préposées; elles reçoivent tout le linge sale de l'établissement et le donnent à nettoyer : service de table, serviettes à main, tabliers de garçons, torchons, draps, pantalons de treillis des artisans, blouses, etc. Les préposées du Louvre reçoivent par jour en moyenne mille torchons sales, et cinq mille serviettes par semaine.

L'échantillonnage de la soie est un détail dans le vaste travail de l'échantillonnage ; mais il est intéressant puisqu'il a une sanction singulièrement édifiante : le chiffre de la dépense qu'il représente. Il est fait par un commis qui coupe avec un grand couteau tant de centimètres à chaque pièce de soie arrivant de Lyon ; ces quelques centimètres, il les divise en petits carrés qu'il envoie à l'Expédition de Province et aux Catalogues. La femme qui reçoit le catalogue du grand bazar ne songe pas à multiplier par un chiffre les petits carrés de soie qu'on y a fixés. Les caissiers, eux, dont c'est l'état, ont fait cette multiplication, et ils ont trouvé que ces petits carrés envoyés dans toutes les directions pour captiver la femme et l'attirer au rayon représentaient cent mille francs par an, un vrai chiffre !

Ce que le public ne voit pas encore, c'est ce qu'on appelle en style de grand bazar la *manutention*. Nous disons, nous, la confection, c'est-à-dire le travail, la main-d'œuvre. Je m'explique :

Il n'y a pas, au grand bazar, que des étoffes pour faire des robes, des plumes pour faire des chapeaux, des fourrures pour faire des manteaux. On y voit aussi des myriades de robes toutes confectionnées, des chapeaux tout ornés et des manteaux tout apprêtés. Signe des temps là encore : après s'être établi marchand de tissus, le grand bazar est devenu confectionneur. Il fait pièce au fourreur, à la couturière, à la modiste, et il les remplace tous et toutes, peu à peu, en créant chaque année de nouveaux comptoirs où les femmes n'ont qu'à commander pour être servies.

Or, si le grand bazar met en vente un millier de robes de vingt ou trente modèles, s'il met en vente cent mille manteaux d'hiver ou d'été dessinés d'après des formes inédites, s'il se déclare prêt à livrer, en dehors de tout ceci, des robes, des manteaux sur mesure, sur plan, sur croquis, au goût, au gré de l'acheteuse, fût-elle excentrique et voulût-elle porter la tunique de madame Récamier en plein hiver, il faut bien que quelqu'un préside à cette confection gigantesque.

Il faut que quelqu'un ait les *idées* de ces robes nouvelles, que des ouvriers attachés au grand bazar exécutent en ville, dans leurs chambres. Il faut, en un mot, qu'une pensée première crée à chaque avant-saison les formes qu'on donnera à ces confections, à ces costumes.

On va les jeter au public en si grand nombre qu'ils feront la loi de la mode et que leur forme sera nécessairement adoptée par toutes les couturières et confectionneuses de Paris.

Mais comment arriver à ces créations?

Qui exécute ces combinaisons savantes deux fois par année?

Voilà ce qu'il est intéressant de savoir.

Un atelier de confection pour les paletots, un autre pour les fourrures, un autre pour les robes, tels sont les trois rouages principaux de la manutention. Ce sont trois bureaux tout à fait inconnus du public. Chacun de ces bureaux de la mode est présidé par une dame, couturière de premier ordre, responsable d'une énorme besogne, et femme de goût avant tout.

La directrice de la manutention des manteaux prépare en janvier ses créations de l'été, et en août celles de l'hiver.

C'est tout un poème.

Si elle va au théâtre, elle s'inspire d'un détail de costume historique ou fantaisiste, y ajoute, brode, retranche, modifie, retourne, décompose et trouve enfin un manteau de forme inconnue, absolument comme un auteur dramatique trouve une pièce après avoir longtemps retourné un sujet. Cela fait, elle découpe quelques mètres d'étoffe et essaie son idée.

Le vêtement une fois faufilé, elle le soumet à ses collègues, à ses collaboratrices. Celle-ci, qui va souvent au bal, pour se renseigner et voir de près l'œuvre des grandes couturières, ajoute un détail ou bien le retranche comme ayant été déjà vu.

Celle-là, qui a pris des idées romanesques dans quelque ouvrage illustré, propose un souvenir de l'antique, ou de la Renaissance, qui est agréé ou repoussé par la créatrice du paletot.

Quand la forme est bien définitivement adoptée, on la soumet au coup d'œil du maître, qui voit tout, même les plus petits échantillons des plus petits objets de parfumerie, et le maître accepte, après l'avoir examinée, la trouvaille de la dame.

A côté de cette dame, le grand bazar en a une autre qui est alors la directrice des réparations. Vous achetez un vêtement, il ne vous va pas bien ; il fait des plis, il vous serre. Vous le rapportez au rayon, où cette dame est mandée en votre présence. Elle prend mesure et fait opérer les rectifications.

Rectification et confection originales sont confiées à des ouvrières de Paris qu'on voit arriver tous les soirs, leur paquet de lustrine à la main. Les unes sont attachées spécialement à la création et à la réparation des magasins. Les autres travaillent pour des couturières en même temps que pour le grand bazar. Certes, la place de la dame qui invente chaque semestre les manteaux que toutes les femmes portent pour obéir à sa fantaisie, souvent artistique, j'en conviens, n'est pas une sinécure.

Mais celle de la *première* des Robes et Costumes n'est pas plus facile à tenir. La plus grande couturière de Paris a moins de besogne que cette *première* des Robes et Costumes du grand bazar.

Elle commande à un petit bataillon d'essayeuses, de mesureuses et d'enjoleuses, qui certes coûteraient très cher à la grande couturière. C'est un coin fort curieux à observer que celui-là, dans le bazar inconnu du public.

Les robes qu'on crée là sont de deux sortes. Il y a les robes riches et les robes pauvres. Depuis 25 fr. jusqu'à 700 ou 800 fr., la *première* combine à chaque saison trente ou quarante modèles pour toutes les tailles.

Quant aux robes faites sur mesure, le nombre en est devenu fantastique.

Pourquoi quitter le grand bazar et s'en aller chez une couturière, qui devra venir au grand bazar chercher sa marchandise?

Le raisonnement est irrésistible.

Aussi, bien des femmes ont-elles pris l'habitude de se faire habiller là. L'atelier voit passer de grands noms, et quant aux actrices, si justement difficiles en matière de toilettes, elles y vont en nombre respectable. Les Parisiens comprendront pourquoi. C'est plus vite fait, plus exactement livré, et moins cher. Tout y marche militairement sous l'œil actif de la première.

Tel est le mécanisme de la confection sur mesure et des robes, manteaux et costumes tout faits.

Nous avons encore à voir l'imprimerie du grand bazar. Elle compose et tire les étiquettes de couleur que portent les voitures du magasin au moment des expositions, les avis au public, et tout le *courant* des affiches d'intérieur. Il va sans dire que l'impression des millions de catalogues et de prospectus qu'on répand à Paris et dans le monde entier ne se fait pas là, mais dans une grande imprimerie, outillée pour ce travail interminable, puisque celui de l'hiver recommence quand celui de l'été vient à peine de finir.

Dans la petite imprimerie, une douzaine d'apprentis, placés devant des appareils à timbre, semblables à des machines à coudre, marquent les quantités fabuleuses d'échantillons qui sortent du grand bazar, après qu'un couteau monstre les leur a livrés toutes les cinq minutes, mécaniquement découpés.

Les dortoirs, chambres et vestiaires des garçons sont aussi intéressants à visiter. Mais c'est le côté banal des grands bazars. Cependant, les armoires où sont rangées les livrées destinées aux 300 ou 400 garçons sont étincelantes de propreté.

On les ouvre, et on aperçoit, rangées, comme au régiment, les tuniques bleu-vert des commissionnaires et facteurs. C'est que l'homme qui préside à l'arrangement quotidien de ces effets propres destinés à remplacer les effets sales ou détériorés, n'est pas le premier venu. Au Louvre, c'est un ex-capitaine adjudant-major des pompiers de Paris, que l'on a mis à la tête de cet important service. Il porte le titre justifié de capitaine d'habillement, et tous les matins, au petit jour, ses hommes défilent devant lui par escouades, comme à la caserne. Gauche, droite, gauche, droite, halte !

Parmi les hommes dont il surveille l'entretien, le capitaine d'habillement compte beaucoup d'anciens militaires, aussi n'a-t-il guère à fulminer que contre ceux qui sortent directement du civil.

L'idée de placer là cet officier retraité n'est-elle pas typique ?

La manutention des ballons du Louvre mérite l'attention. Elle se fait au premier étage de l'annexe située rue Saint-Honoré.

Quelle fortune que celle de ces petits ballons blancs, qui font le bonheur des acheteuses et la réclame perpétuelle de la maison ! Quelle idée encore, que celle-là !

N'avez-vous pas vu des mamans entrer au Louvre pour acheter un ruban de 2 fr. 75 afin d'avoir pour leur petite fille un ballon qui vaut tout au plus un sou ?

Les enfants parisiens savent tous qu'il y a des ballons au Louvre. Ils le savent à trois ans, à peine sortis des langes. Intelligence de la réclame et du puff ! Le premier nom que vagissent les poupons, c'est celui du grand bazar !

Idée sublime !

Au début, le Louvre les achetait au faubourg du Temple. Quand les agrandissements permirent à la manutention générale de s'installer, on reconnut qu'on avait intérêt à les fabriquer soi-même.

Un fil double en laiton passe sous la rue Saint-Honoré, venant des machines Gramme que nous avons vues dans les sous-sols, et transmet un demi cheval de force à une petite pompe à air munie de deux pistons, l'un pour la mettre en action, l'autre pour aspirer et refouler l'air.

Un gonfleur en chef et cinq ou six petits apprentis gonfleurs en second ou aides-gonfleurs, forment l'équipe de cette machine.

Le mécanicien met en marche. Un des gamins est

assis près du piston refoulant, qui agit dans un tube
terminé en forme de seringue.

Il prend une vessie et la place sur la seringue
en ayant soin d'y glisser un petit grelot. Le piston
refoule l'air : le ballon est gonflé.

D'un geste sec, le gamin l'a noué avec une
ficelle qu'il dissimulait entre ses doigts, et jeté au
hasard dans la chambre.

Le ballon rebondit sur un deuxième gamin, qui
le prend et imprime sur son ventre encore intact la
réclame, avec un cliché enduit d'encre violette. Puis,
il le passe à un troisième, qui imprime à son tour sur
le ballon le mot *déposé*, pour indiquer le privilège
sonnant du grelot dans l'aérostat-joujou.

Alors un quatrième gamin le passe à l'équipe des
femmes.

Cinq femmes sont assises devant un établi. La
première a devant elle un cliché en bois ou en cuivre
qui représente tantôt un faisan, un perroquet, tantôt
une autre bête à plumes. Elle fait osciller le ballon
sur le cliché et la bête se trouve imprimée à l'encre
noire. Une seconde femme prend alors le ballon et
met du bleu sur les ailes de l'oiseau, une troisième
peint le ventre en rouge, la quatrième met du jaune.
Et enfin, le ballon revient aux gamins.

L'un d'entre eux le passe au vernis. C'est tout.

Le ballon, avant d'être prêt à partir dans de grands paniers, pour être distribué aux rayons des magasins, a passé par les mains de dix personnes, en comptant le mécanicien. On gonfle ainsi mille ballons par jour en moyenne, et deux mille cinq cents les jours d'exposition.

Les services accessoires n'ont pas tardé à déborder les grands bazars.

Tandis que le Bon-Marché, construit en vue de son exploitation spéciale, gagnait chaque jour du terrain sur l'Assistance publique, sa venderesse, le Louvre était obligé d'aller, derrière les Invalides, édifier sur l'avenue Rapp des bâtiments considérables où il installait à l'aise ses ateliers de tapisseries, son service des catalogues et des prospectus de toute espèce, ses archives, ses chiffons, ses chevaux, ses voitures, en un mot tout ce qui ne pouvait trouver place, soit au Palais-Royal, soit au quai des Grands-Augustins, où un immeuble entier est affecté au logement des demoiselles de magasin qui n'ont pas un domicile quelconque à Paris.

Dans l'un et dans l'autre grand bazar, on est très fier des écuries de la maison, où des centaines de chevaux, pomponnés comme au cirque, sont nourris et entretenus à l'année par une légion de piqueurs, palefreniers, garçons d'écurie, selliers, astiqueurs, maréchaux ferrants, etc. La cavalerie du Bon-Marché est supérieure à celle du Louvre, qui appartient en presque totalité à la Compagnie des Omnibus. Mais quels chevaux dans les deux camps ! Tout Paris connaît ces couples superbes de trotteurs. Il y en a de gros, de sveltes, de lourds, de rapides. Suivant les besoins du service, on se sert des uns ou des autres. L'un d'eux, nommé Boulot, est devenu le héros des écuries du Louvre. Il a posé devant le statuaire Paul Dubois pour le coursier du connétable de Montmorency qui orne les jardins de Chantilly. C'est devenu une légende dans l'avenue Rapp, où les gamins reconnaissent et saluent Boulot au passage.

En visitant les bâtiments annexes du Louvre, j'ai remarqué avec étonnement que sur deux étages distribués évidemment en chambres à coucher, un seul était occupé par les garçons de magasin. L'autre a été désaffecté, et il ne compte plus maintenant que des réserves de toute nature.

Mais la distribution des pièces n'en subsiste pas moins, et l'anomalie saute aux yeux. On voit que l'idée qu'on voulait mettre en pratique n'était pas mûre. Et, en effet, vouloir loger chaque soir le commis, après l'avoir dirigé, surveillé et nourri tout le jour, c'était dépasser le but, philanthropique assurément, que l'on se proposait.

4

Le service des catalogues n'est pas l'un des moins intéressants du grand bazar. Qui ne les reçoit, ses catalogues? Il en inonde Paris, la banlieue, la France et même l'étranger. Allez dans les pays les plus saugrenus, vous y trouverez un catalogue du grand bazar, et je ne sais plus quel voyageur racontait récemment qu'il avait vu aux îles Marquises la cabane d'un chef océanien tapissée avec des images de modes arrachées aux catalogues d'un grand bazar parisien.

On ne se doute certes pas du travail qu'il faut dépenser pour arriver à mettre en ordre les adresses, les bandes de tous ces clients réels ou imaginaires auxquels le grand bazar envoie ses prix-courants et ses truculentes réclames de chaque année. Les noms et les adresses de ces clients sont inscrits sur des fiches qui sont placées sur de grandes boîtes, par départements et par cantons. On dirait les dossiers d'un chef de la police. Le gérant de cette partie de l'administration a sous ses ordres une centaine de femmes et de jeunes filles qui ont acquis dans la confection des adresses une dextérité merveilleuse. Elles expédient tous les trois mois plus d'un million de catalogues, soit quatre millions par année.

L'entretien des archives occupe moins de personnel. mais il est tout aussi compliqué. Le grand bazar garde en effet toutes les lettres qui lui sont adressées pendant trois ans. Ces lettres sont étiquetées, numérotées, classées et placées dans des casiers *ad hoc*. Les salles où toute cette correspondance commerciale est entassée peuvent à bon droit s'appeler les salles des archives.

Après trois ans, les lettres sont vendues comme vieux papiers. Ici encore un détail typique.

Les papiers de rebut et tout ce que les balayeurs ramassent au petit jour dans les galeries du grand bazar sont mis dans des sacs immenses et transportés dans la salle des chiffons. Là, des femmes se mettent en devoir de trier soigneusement tous les détritus et d'en faire deux parts, celle du chiffonnier à côté de celle des objets trouvés. En effet, dans le tas de rebuts qui passent sous ses doigts, la chercheuse trouve souvent un objet de prix, une broche, une épingle de cravate, un bouton de manchette, des billets de banque.

L'administration donne une prime de vingt francs à qui déclare un objet trouvé. Ces objets sont remis aux réclamants. Si personne ne vient les rechercher, on les vend au profit d'une bonne œuvre au bout d'un an et un jour.

Quant aux vieux papiers, ils s'en vont chez le chiffonnier, par quintaux, par tonnes hebdomadaires, à raison de 12 à 15 francs les cent kilos. On n'a pas idée de l'argent que le public sème dans le grand bazar en jetant sur le parquet de ses galeries un morceau de journal, une lettre déchirée, un prospectus qu'il a pris machinalement à la porte !

LES COMMIS

Avec le grand bazar, nous sommes loin, très loin,
du temps où Paul de Kock chantait les amours de la
grisette et du calicot.

Le calicot n'existe plus guère à Paris. Il a été remplacé par l'employé de commerce. Il y a une nuance.

Le calicot, vainqueur de la grisette, allait à Ro-
binson. Il y dînait sur l'herbe ou dans les arbres
rococos, avec vingt sous de galette et une bouteille
d'Argenteuil. Aujourd'hui, l'employé de commerce
qui a trimé toute la semaine dans le grand bazar, va
prendre l'air aux courses de Longchamps ou d'Au-
teuil. Il joue petit jeu, chez les petits bookmakers ;
mais il joue sans être jamais las de jouer. On dirait

4.

qu'il a trouvé dans la cote, à laquelle le sport sert de prétexte, un adoucissement hebdomadaire à sa condition, qui est restée comme au temps jadis, humble et précaire.

Je me suis longtemps demandé d'où venait ce flot de commis que les grands bazars étouffent dans leurs flancs. Sortent-ils des couches inférieures de la société ? Sont-ils du peuple ou de la bourgeoisie ? Avec leurs habits bien coupés, leurs cravates affriolantes et leurs manchettes soigneusement tirées, seraient-ils de vrais gentlemen, ou seulement ont-ils l'air d'être ce qu'ils ne sont pas ?

Un homme qui sait par cœur la genèse des grands bazars me disait que, pour lui, les commis de nouveautés sont des acteurs.

— Ils jouent pendant la journée et sont libres le soir, ajoutait-il, voilà ce qui les distingue des comédiens ordinaires. Mais ce sont des acteurs, et je le leur répète assez. Malheureusement ils ne comprennent pas tous que leur rôle consiste à prendre un air souriant ou triste, suivant la cliente qui les interroge, et ceux qui sont intelligents gagnent deux fois plus d'argent que les benêts, rien que par le jeu de leur physionomie.

De l'avis de tous les initiateurs des grands bazars, l'employé d'aujourd'hui ne doit pas trôner à son comptoir au milieu des richesses qu'il débite, par tranches, contre de l'argent comptant. Il faut qu'il soit insinuant et souple.

Qu'il gante la femme ou qu'il lui essaye une confection, sa préoccupation doit être unique. Faire dépenser à la pauvrette le plus possible, dans l'intérêt de la maison et dans le sien propre, puisqu'il est intéressé. Pour arriver à ce but machiavélique, il doit user de tous les moyens que les convenances mettent à sa disposition.

Écoutez l'homme qui sait par cœur la genèse des grands bazars :

— Le commis de nouveautés doit, pour arriver à ses fins, jauger d'abord, et du premier coup d'œil, la femme qui vient se jeter dans sa nasse. A peine l'a-t-il aperçue qu'il doit savoir ce que contient sa bourse et ce que sa réserve mignonne lui permettra de risquer, lorsqu'il l'aura mise à sec.

Cela posé, sa conversation prend un ton différent, suivant qu'il a découvert dans l'œil noir ou bleu de la cliente, dans son chapeau, dans sa bottine, l'indice précieux sur lequel il échafaude son raisonnement. En deux temps il a vu à quel monde la fille d'Ève appartient. Il a deviné qu'elle vient de province ou de l'étranger , ou seulement de Bougival, ce qui est Paris tout craché.

Et alors, dépliant devant elle les étoffes qui encombrent ses rayons, avec des courbettes ondulées, des gestes enchanteurs, des moues charmantes et des inflexions de voix poétiques, il lui fait la cour, discrètement si son flair lui commande la discrétion, plus fort si son flair lui commande la passion.

Les articles « les plus avantageux » défilent, sous ses doigts de prestidigitateur, une parade étincelante. La femme se penche pour regarder plus attentivement. Ce commis lui plaît. Elle n'y pensera plus dans une heure, elle n'a même pas une idée coupable à son endroit, mais enfin il lui plaît. Il a du bagou, de l'odeur dans son mouchoir, un bouton de chemise original ou des yeux incendiaires, je ne sais quoi, enfin. N'allez pas chercher la malice où je ne la veux point mettre. Il plaît ; il a su plaire ; il va vendre à la femme un fort paquet de marchandises.

S'il est très fort, au bout de vingt minutes de conversation, alors que la femme s'est fait montrer dix fois ce qu'elle cherche, pour voir, pour savoir, pour jouir pendant quelques instants, il doit savoir — c'est notre homme autorisé qui parle — si elle est veuve ou remariée, si elle a des enfants, ce qu'elle dépense par an au grand bazar. Il en est qui ont la spécialité des villageoises enrichies. Avant de leur avoir vendu la pièce de soie qu'elles ne songeaient guère à acheter, ces maîtres dans l'art de convaincre savent combien de vaches elles ont dans leur étable.

Ainsi définie, et je prie le lecteur de croire que cela est très sérieux, la mission du commis de nouveautés sur la terre devient un sacerdoce. Malheureusement pour les dividendes des grands bazars, la moyenne des commis intelligents diminue. Ces jeunes gens tendent aujourd'hui à substituer la quantité à la qualité, j'entends le métier à l'art pur, je veux dire qu'ils négligeront d'observer les règles indiquées plus haut pour s'appliquer à vendre beaucoup, à expédier les clientes, presto, prestissimo, l'une après l'autre, sans sonder, sans étudier, sans chercher la grosse affaire, à côté de laquelle ils passent, et qu'un malin saura capturer après eux.

Ils croient que la maxime *time is money* veut seulement dire : Le temps, c'est de l'argent.

C'est le temps bien employé surtout qui est de l'argent.

Mais j'en reviens à mon étonnement d'autrefois : d'où sort ce commis, qui doit exercer sur la bourse des ménages une aussi terrible influence ?

Il sort de la petite bourgeoisie, cela est certain. L'aride statistique le prouve. Sur mille employés des grands bazars, huit cent cinquante sont fils de petits rentiers, d'anciens militaires, de percepteurs, de petits fonctionnaires, de petits commerçants. Notre éducation française est si chère et si longue que les parents ne peuvent pas les mettre au collège. On les fait instruire à l'école primaire, puis comme on a honte de la blouse et de l'outil, comme on veut, par vantardise inepte, que le fils ait un habit et qu'il porte chapeau, on le met dans un petit magasin du chef-lieu de département, où l'on végète. A quinze ans il gagne sa vie, dix francs par mois. C'est peu certainement ; mais au moins le jeune et intéressant bipède ne porte pas le bourgeron. Il ne revient pas dîner avec des mains noires et de la graisse aux poignets de sa chemise : c'est un monsieur. Les pauvres gens ne se demandent pas si, avec une paire de parisiennes, un marteau à la main et des chansons au grand air, il ne s'enrichirait pas mieux que dans la triste échoppe du *Galon d'or*, où ils l'ont sottement interné. C'est un monsieur ; pour eux c'est tout dire.

A dix-huit ans, il part pour la capitale, attiré par le grand bazar comme l'oiseau des falaises est attiré par le phare. Il vient par cinq et six fois se briser contre le grand bazar, où les *on-dit* lui font entrevoir monts et merveilles. Hélas ! chaque fois qu'il se présente, avec des certificats en règle, des papiers parafés et timbrés de tous les formats, le chef du

personnel du grand bazar lui répond invariablement
que les cadres sont pleins à craquer, que trois cents
jeunes gens sont inscrits avant lui. C'est une remarque
à faire que celle-là : dans toutes les agglomérations
d'hommes et de femmes où le travail est distribué
par escouades, le pauvre hère qui sollicite un emploi
quelconque trouve toujours trois cents postulants qui
attendent leur tour. C'est un fait. Il montre combien
est nombreuse à Paris la légion des gens « qui attendent une place », la légion de la misère !

Les embauchages des employés de nouveautés se
font deux fois par an, au printemps et à l'automne.
C'est le chef de rayon qui, suivant le mécanisme
déjà connu du lecteur, est chargé de recruter ses
commis, de procéder à leur enrôlement.

Il exige d'eux la kyrielle de références obligatoires.
Tel grand bazar est formaliste et va au fond des
choses. Son chef du personnel est vétilleux, soucieux
de la moralité des nombreux commis qu'il a sous
ses ordres.

Tel autre est plus coulant. Son chef du personnel
sait qu'on ne peut pas avoir pour auner le ruban et
débiter la couverture de laine, des lauréats de l'École
Polytechnique, voire de simples bacheliers. Il accepte
tout ce qui se présente. Et c'est précisément dans le
bazar de deuxième ordre que le jeune commis

arrivant de province trouve à se caser au bout de deux ou trois semaines d'attente.

Pendant ces quelques semaines, que fait-il ? Ses économies ne sauraient le mener bien loin. Il trouve un coin obscur dans une boutique de petit commerce et crève de faim dans Paris, en attendant la place tant convoitée que lui a promise le grand bazar.

L'heure de la gloire sonne enfin. Après avoir *traîné* pendant un an ou deux dans les boutiques des faubourgs, qui font l'étalage au dehors et devant la porte, après avoir fait le trottoir en soufflant dans ses doigts l'hiver, en s'épongeant le front l'été, racoleur de passants pour le bon motif, il pénètre enfin dans le grand bazar, le plus souvent avec 1,800 francs d'appointements, comme le sous-lieutenant de la *Dame Blanche* et comme le conducteur d'omnibus.

Bien entendu, il faut pour que ce poste lui soit confié, entre deux ou trois mille, au dernier rayon du grand bazar, qu'il connaisse à fond son métier de vendeur. On l'a interrogé, on a regardé ses papiers, on a écrit chez ses anciens patrons de province, qui sont fiers de correspondre avec le grand bazar et qui s'honorent d'avoir fourni au grand bazar un collaborateur évidemment précieux. Le commis de nouveautés est au comble du bonheur. Il rêve de hautes destinées ; il rêve de devenir chef de rayon, puis l'un des intéressés, des associés.

A moins qu'il ne se soucie point de l'avenir et qu'il s'abandonne au présent sans regarder au delà.

Du reste, l'employé de nouveautés ne fait en moyenne qu'un séjour de trois ans dans la partie. Il en sort toujours pour faire un petit métier quelconque, auquel son bagou le rend toujours apte.

Constater ces aspirations d'une part et cette indifférence de l'autre, chez les employés des grands bazars, c'est reconnaître qu'ils n'ont pas tous la même origine. Il y a, dans l'infime minorité, des bacheliers, des gens instruits, que des revers de fortune ont découragés et conduits là. Maintenant il faut s'entendre. Certes, leur situation n'est pas brillante ; mais la création des grands bazars l'a bien améliorée.

Avec le système de participation aux bénéfices qui est en vigueur presque partout, l'employé du grand bazar peut augmenter chaque année son gain, s'il emploie son intelligence et son activité au service de l'énorme machine dont il est l'un des rouages infimes.

Ses appointements, combinés avec les bénéfices qu'il fait sur sa vente de chaque jour, peuvent atteindre jusqu'au chiffre de 6,000 francs. Alors il devient second, puis chef de rayon. Mais ceux qui deviennent chef de rayon sont les malins, évidemment. Les simples restent en arrière, sans guère dépasser une moyenne de 5,000 francs par an. Ce chiffre même est encore fort raisonnable, si on le compare aux chiffres des appointements que le calicot touchait du temps de Paul de Kock, déjà nommé.

Pour arriver à faire suer à son personnel tout ce qu'il peut rendre, le grand bazar a pris deux résolutions qui sont caractéristiques :

Il a supprimé les apprentis;

Il a supprimé les appointements pendant les maladies.

Par la suppression des apprentis, le grand bazar atteint son but, qui est de ne pas perdre de temps, et de brasser le plus d'affaires possibles par l'intermédiaire d'employés exercés. L'apprenti, le novice, le volontaire, ralentissent la danse sonore des louis sur le cuivre cannelé des caisses. Il faut aller vite, aller un train d'enfer, enlever son public. C'est l'affaire des jeunes gens que la province a stylés aux étroitesses du marchandage. L'apprenti gâterait tout dans ce tourbillon des transactions où le commis devient le conseiller intime, « l'allumeur » des dames. La gaucherie de la jeunesse n'a rien à voir dans ces marchés bruyants, tempétueux des étoffes, où

tout le monde parle à la fois. La candeur de l'adolescence n'a rien à y faire.

La suppression des appointements pendant les
maladies est un fait d'ordre intérieur qui choque l'observateur, habitué aux prodigalités du grand bazar.

Pourquoi cette mesure? Les chefs du personnel
des grands bazars répondent qu'à l'origine de l'institution, tous les jours de maladie étaient payés aux
employés. Mais l'expérience fit connaître que des abus
nombreux se produisaient. On supprima la paie pendant les jours de maladie et de vacances, ce qui fait
que l'employé de commerce demeure dans une condition inférieure à celle de l'employé de bureau et
semblable en tout à celle de l'ouvrier qu'on lui apprend à dédaigner.

Les commis de nouveautés, groupés et classés par
détachements dans le grand bazar, n'ont entre eux
aucun esprit de solidarité. Chez eux plus que partout
ailleurs, la maxime popularisée par le bon La Fontaine
triomphe :

> Notre ennemi, c'est notre maître.

Il ne faut rien leur demander en fait de vertu, ni
le dévouement à l'entreprise commune, ni le zèle de
collaborateurs à qui incombe une responsabilité, si
mince qu'elle soit. Ils sont, par la logique de leur si-

tuation, essentiellement individualistes. Ils vivent pour eux-mêmes, ne voient qu'eux, ne cherchent que leur bénéfice propre et ne voient rien au delà. Comment en serait-il autrement? L'organisation de leur participation aux bénéfices les rend égoïstes dès le jour où ils prennent possession du moindre coin dans le grand bazar.

Tous vendeurs, intéressés sur leur chiffre de vente quotidien, ils ne voient que leur vente quotidienne. La fusion des efforts en un tout grandiose, et qui serait certainement plus lucratif, leur échappe, mais par une raison bien simple, c'est que le tout grandiose ne leur donne pas d'argent. Ils n'ont aucun bénéfice sur les affaires d'un rayon au bout de l'année, par exemple. C'est le chef de rayon qui a ce bénéfice partiel. Ils n'ont, eux, on l'a déjà vu, que tant pour cent sur le nombre d'articles vendus à la fin de la journée.

D'où leur entière indifférence pour tout ce qui ne leur est pas personnel. Ainsi les acteurs, à qui nous les comparions, ne voient souvent dans une pièce de théâtre que leur propre rôle avec les effets qu'il comporte, la longueur des tirades qu'il contient, sans se préoccuper de savoir si l'ensemble de l'ouvrage exige que certains d'entre eux parlent beaucoup, tandis que les autres ne doivent presque rien dire.

A la fin de l'année, le grand bazar y trouve toujours son compte, puisque les efforts de chaque commis ont eu pour résultat d'augmenter le chiffre d'affaires ; mais il n'en reste pas moins vrai que la solidarité des employés de commerce entre eux est lettre morte, malgré toutes les sociétés de bienfaisance que des philanthropes acharnés ont pu fonder à leur intention.

Quand on s'est rendu compte du métier ennuyeux auquel l'employé de nouveautés est condamné par ses origines ou par le besoin, on se demande quelle peut être sa moralité.

Forcément elle restera médiocre.

Le commis du grand bazar est sans fortune, sans gains inespérés, autres que ceux du jeu, sans moyens de parvenir. Par contre, il vit dans un rêve chatoyant d'étoffes précieuses et d'objets de prix. Il voit défiler devant lui pendant trois cents jours de l'année tout le luxe et tout le chic de ce Paris féminin qui s'habille si bien et qui sent si bon. Comment admettre que la tentation gigantesque organisée par le grand bazar contre les femmes, mise en batterie contre la bourse des maris, ne le perdra pas, lui aussi, au moment psychologique ?

Il arrive ce moment, il arrive pour tous les employés du grand bazar. La vue des merveilles dont

ils sont les distributeurs les éblouit, le parfum séducteur qui se dégage des femmes dont ils sont
entourés leur monte à la tête. Ils perdent la
notion du juste et voient tout qui danse magique-
ment autour d'eux. Un commis m'a parfaitement
expliqué cet état de leur esprit par un mot : On se
croit riche.

Ceux qui sont honnêtes savent résister, ferment
les yeux pour ne point voir, descendent en eux-
mêmes, se résignent à leur humble condition et
souffrent en silence. Ceux qui sont enclins au mal
glissent rapidement sur la pente. Ils sont perdus.
Ils volent.

Les déficits du champ de course, les parties avec
les femmes, les connaissances faites au grand bazar,
de femmes travaillant au dedans ou venues du dehors, tout cela vide la poche. Il faut combler le
vide. Alors l'idée du vol germe et grandit.

L'employé qui va voler ne se doute pas toujours
du délit qu'il va commettre. Il vit au milieu des
marchandises de toute sorte ; il n'a qu'à étendre la
main pour les prendre et qu'à boutonner son par-
dessus pour les dissimuler. Assurément son acte
est le même que celui de l'ouvrier qui vole un pain
à la devanture d'un boulanger. Eh bien, il y a dans les
mille et une occasions qui lui sont offertes une espèce

d'explication, je ne dis pas d'excuse, aux yeux du philosophe. On peut dire que la faute en est au tentateur plus qu'au voleur.

Sans éducation presque toujours, parfois sans intelligence, le commis sait qu'il fait mal, et cependant il ne se croit pas criminel, j'en jurerais.

Il vole une cravate, une paire de gants, pour commencer. Ce sont des riens qu'il affecte à son usage personnel. Puis après les petits objets de consommation courante, les besoins augmentent, il passe au coupon de soie, qu'il revend à un recéleur pour le quart de son prix, au bibelot cher qu'il offre à sa maîtresse.

Malgré toutes les précautions prises, malgré tous les contrôles imaginés et impossibles, l'employé vole chaque jour le grand bazar, en disant :

— Je lui fais gagner assez d'argent, pour que ceci ne le ruine pas.

Et je suis sûr que chaque jour à Paris, les détournements de ce genre sont innombrables, et que les voleurs sont rarement découverts.

Il faut vraiment que les grands bazars fassent de colossales affaires pour que ces vols ne les ruinent pas. En dehors des détournements commis par le public, et que nous étudierons plus loin dans un chapitre spécial, les pertes résultant de ces seuls vols se chiffrent par centaines de mille francs au bout de l'année.

On demandait au directeur d'un grand bazar :

— A combien estimez-vous, en chiffres ronds, les vols annuels commis par des employés infidèles dans votre établissement ?

— Je n'ose le dire.

— Mais encore...

— Je n'ose.

— Pourquoi ?

— Parce que ni la police, ni moi, nous n'avons jamais pu le savoir. Mais ce doit être tellement effrayant que j'aime mieux toujours l'ignorer.

C'est qu'il n'y a pas dans le grand bazar que le commis de nouveautés qui soit parfois un voleur. Il y a aussi le caissier, ne l'oublions pas. Le caissier est le maître de son livre de caisse. On le contrôle ; mais dans la fièvre d'un jour d'exposition, au milieu de cette bousculade indescriptible qui ressemble au débordement de la mer, qui l'empêchera de modifier un chiffre et d'empocher la somme dissimulée ? Personne.

Il vole donc, une fois deux mille, une fois trois mille, une fois quatre mille francs sans qu'on s'en aperçoive. Mais comme il arrive toujours, il va trop souvent caresser sa poule aux œufs d'or, et le grattage est constaté.

L'un des derniers caissiers qu'on ait arrêté dans l'un de nos grands bazars avait caché 10,000 francs sous le siège de son cabinet d'aisances. Il avait été ramené au vol par son passé, dans une circonstance vraiment singulière. Un jour, ce caissier avait vu arriver devant lui un homme qui lui avait dit ;

— Tu ne me reconnais donc pas? Je suis un tel. Nous avons été ensemble à Poissy? Il me faut une place.

C'était vrai. Le caissier avait tremblé devant le chantage, devant la révélation de ce qui était la vérité. Il avait obtenu l'entrée au grand bazar de son ex-compagnon de cellule, qui l'avait chaque fois poussé à de nouveaux vols.

Le chef du personnel n'avait pas étudié soigneusement ses références le jour où il avait pris ce trésorier issu des maisons centrales. Mais personne n'est infaillible, et on s'explique parfaitement que dans la cohue des employés qu'il embauche, le grand bazar trouve parfois des voleurs de profession, qui viennent greffer leur industrie sur celle des voleurs d'occasion. Celui-là était d'ailleurs un repenti, et les mauvais conseils seuls l'avaient fait retomber dans le crime. Quand le caissier et l'employé s'entendent

5.

pour combiner leurs efforts, le vol est terrible, et presque toujours il demeure impuni. On le flaire, mais on ne le découvre pas.

Les employés des grands bazars sont enrégimentés pendant le jour. Nous les avons vus déjeuner et dîner au magasin. De 8 heures du soir à 8 heures du matin, ils sont libres. Ici ou là, des économistes trop hardis avaient essayé d'entrer encore plus avant dans l'absorption des individus. Ils avaient rêvé de coucher tout le personnel dans des chambres qui eussent été des dortoirs. L'employé n'avait plus alors une minute de liberté. Déjà serf pendant le jour, il devenait pensionnaire docile pendant la nuit. Sa vie n'était plus à lui. Son sommeil appartenait comme le reste au grand bazar. C'était trop de philanthropie ou trop de logique. Nous avons vu que le Louvre, entre autres, avait échoué dans une tentative de ce genre à l'avenue Rapp.

Il faut admettre que ce commis bien habillé, dont nous avons vu les défauts et les vices, a comme les autres hommes des vertus amoureuses qu'il met en pratique et dont personne n'a le droit de le sevrer.

Vainqueur du sexe comme son ancêtre le calicot, il consacre ses nuits à l'amour. Ses liaisons viennent du grand bazar, naturellement. Il découvre là, soit dans le personnel féminin qui travaille avec lui, soit dans la clientèle féminine qui vient à son comptoir, des beautés précoces ou mûres, suivant son penchant, et qui ne sont jamais cruelles pour qui sait les prendre.

Ainsi les vrais acteurs courtisent les femmes du théâtre et aussi celles qui viennent dans la salle.

Or, qui sait mieux que le commis à la cravate adorable tourner un compliment et souffler une parole engageante ?

Nous étudierons dans le prochain chapitre quels sont les rapports amoureux du commis avec la demoiselle de magasin ; c'est un poème. Arrêtons-nous un instant sur les relations qui naissent entre le commis et la cliente du grand bazar.

Une chose entre autres m'a toujours étonné, c'est la prodigieuse quantité d'hommes que les grands bazars emploient pour servir une population qui n'est généralement composée que de femmes.

Il est certain que si vingt mille personnes passent tel jour dans tel grand bazar, il y a dans le nombre deux mille hommes à peine et dix-huit mille femmes. Ne paraîtrait-il pas naturel, à première vue, que le grand bazar confiât à des demoiselles de magasin le soin de servir toutes ces femmes ? Certes, et tout le monde s'est fait cette réflexion : que d'hommes, que d'hommes !

Ils desservent des rayons délicats, tels que celui des peignoirs.

Dans certains bazars, c'est bien autre chose : ils habillent les femmes. Ils sont aux confections, prennent le tour de la taille des femmes, leur mesurent les bras, les épaules, discutent l'emprisonnement de leurs seins et la rotondité de leur inexpressible. Ne serait-il pas plus convenable d'avoir dans tous ces emplois des demoiselles et des dames? Ne serait-il pas plus naturel de voir les grands bazars congédier une partie de leurs hommes et augmenter le nombre de leurs femmes ?

Écoutez la profession de foi de l'un des directeurs les plus originaux qui soient dans les grands bazars parisiens :

— Chez moi, j'ai des hommes dans la proportion de quatre-vingt-dix sur cent, contre dix femmes et jeunes filles. Il n'y a guère que les chapeaux, les corsets et les essayages qui soient encore entre les mains du sexe faible. Je voudrais, moi, que là encore ce fussent des hommes. Pour servir la femme, pour l'amadouer, pour la conquérir, pour la tordre comme un linge humide et en exprimer tout le jus, il faut des hommes. Plus vous avez d'hommes, plus il vient de femmes; et la femme, quand elle est entre les mains des hommes, perd toute retenue.

Pour essayer un corset, elle demande une demoiselle,
parce qu'il n'y a que des demoiselles aux corsets.
Si l'on décrétait demain que ce seront des hommes
qui tiendront le corset, le chiffre de vente du rayon
doublerait dans la journée. On peut épiloguer là-
dessus et dire que je calomnie les honnêtes femmes ;
je ne parle pas d'elles, non, mais je dis ce que je
sais, et personne ne saurait me démentir.

Plus d'une fois cette maxime d'un homme bien
rompu à son métier m'est revenue aux oreilles. Elle
est vraie dans le fond, et la forme en paraît tant soit
peu exagérée.

Oui, la femme qui va au grand bazar veut avoir
affaire aux hommes de préférence. Demandez-lui ce
qu'elle en pense ; sa réponse sera nette. Elle
avouera. Le motif qu'elle donnera de sa préférence
pour le commis sera celui-ci : Entre femmes on se
jalouse.

Une demoiselle de magasin peut en effet exciter
l'envie d'une cliente fort riche, rien qu'en jetant sur
son petit torse de Parisienne un vêtement qu'elle
aura le chic de porter, tandis que la belle dame
essaiera en vain de se donner ce chic.

Pour les chapeaux, même affaire. La femme d'un
gros banquier marchande un chapeau de trois cents
francs qu'elle met de toutes les façons sans arriver

à en être bien coiffée ; la jolie fille qui la sert prend machinalement un chapeau de quatre sous, se le campe crânement sur la tête, pirouette devant la glace et se dit elle-même qu'elle est adorable avec un rien, — ce qui est vrai.

Colère de la femme du gros banquier, piqûres dans le dialogue, dépit, gros mots. On en vient là, et plus souvent que le sexe fort ne le suppose.

De plus, la femme est tellement envieuse, tellement vile, tellement rageuse, que la figure des jolies vendeuses qui l'entourent suffit pour la faire écumer.

Elle, qui est riche et laide comme les sept péchés capitaux, vient acheter une layette ou un trousseau pour sa fille, qui a l'air d'une idiote. Dix ou douze péronnelles sautillent au devant d'elle, l'entourent avec des minois chiffonnés, des poses câlines et des frou-frous charmants. Sur les dix ou douze, il y en a six qui sont brunes ou blondes, grandes ou petites, belles ou minces, mais jolies à faire démissionner le futur gendre, s'il était là. Heureusement qu'il ne s'occupe pas de ces détails ! Le coup est porté néanmoins ; la femme rage.

Elle aimerait mieux des hommes que ces demoiselles parfumées dont le visage la trouble et l'agace.

Les femmes donnent ce prétexte, et il est juste, très juste. C'est le prétexte des honnêtes femmes ;

c'est aussi le prétexte de celles qui ne peuvent pas faire autrement que de rester honnêtes, parce qu'elles n'ont ni la race, ni la grâce, ni le sang, ni rien de ce qui conspire pour la chute de la fille d'Ève devant le compliment bête du premier gode-lureau venu.

Mais il en est un autre qu'elles ne donnent pas. Celui-là, c'est le prétexte que notre homme cité plus haut indiquait à mots couverts.

La femme, à quelque monde qu'elle appartienne, se rend au grand bazar, où elle se considère comme sur un terrain neutre, absolument neutre. Il lui semble tout d'abord que ces commis ne sont pas des hommes. Elle en voit tant, et ils lui sont si indifférents, qu'en analysant son premier sentiment, elle découvrirait qu'ils lui font l'effet d'hommes en bois et d'eunuques.

Mais bientôt l'impression change. A la cohue des employés vus d'ensemble succède la première conversation avec l'employé des gants, par exemple, qui fait asseoir la femme et ouvre devant elle les boîtes, les cartons contenant toutes les qualités, toutes les fantaisies. L'œil de la femme s'illumine et tout son corps frémit d'aise quand l'employé lui met les gants choisis. Oh ! la femme qui se fait mettre des gants ! Spectacle curieux, inouï, que j'ai contemplé souvent du coin de l'œil, au milieu de la cohue des grands bazars !

La femme qui se fait mettre ses gants est la coquette par excellence. Elle ne voudrait pas qu'un pli se fît voir sur son poignet ou entre ses petits doigts. Elle achète la paire de gants, démesurée depuis les dernières modes, à la condition que le commis la lui mettra.

Et alors, la voilà qui pose son petit coude sur le comptoir. Fatiguée par son corset, elle reste dans une posture oblique de longues minutes, pendant lesquelles le commis presse entre le pouce et l'index le doigt mignon, le presse encore, caresse le gras de la main, flatte la naissance du bras, et boutonne, boutonne jusqu'à extinction des boutons et des boutonnières.

Ce manège, silencieux d'abord, s'anime par la conversation. Si la dame est agréable, le ton des phrases est enjoué. Il est ce que voudra le commis, car la femme, toute à sa frivolité, n'entend dans les murmures du calicot que les échos lointains du gommeux qui lui a dit déjà toutes ces choses, sortes de mélodies banales, toutes faites, sur lesquelles la femme coquette a pris l'habitude de rêver, et de choir.

LES DEMOISELLES

L'histoire des demoiselles du grand bazar est un peu plus touchante que celle des employés mâles. La condition de la femme qui travaille excite toujours la sympathie.

Pour la plupart, ces jeunes filles, de noir habillées, viennent de la province aussi. Leur roman est celui des jeunes gens. On les a mises dans un petit magasin départemental. Puis la noble ambition d'entrer au grand bazar les a prises, et on les a envoyées à Paris.

Leur admission dans le grand bazar a demandé plus de formalités qu'il n'en faudrait, je crois, pour être admis à la table du Grand-Turc.

C'est pendant la période d'attente qu'elles succombent et deviennent la proie du vice parisien, si elles sont faibles. Celles qui résistent ont des chances pour être sauvées dans l'avenir, et finir par un mariage.

En effet, les demoiselles de magasin qui attendent une place à Paris, comme disent leurs parents imbéciles, se divisent en deux catégories : celles qui ont des amis de leur famille, qui les nourrissent et qui les logent, en attendant que la place soit trouvée, et celles qui sont venues toutes seules se loger dans une chambre d'hôtel garni, où elles attendent la place d'abord sans méfiance, ensuite avec terreur, entre un voisin crapuleux et une voisine équivoque.

Franchement, les pères de famille ou les mères qui envoient ainsi des filles de dix-huit ans se présenter au grand bazar et attendre que le grand bazar veuille bien les prendre, sont de véritables criminels. Ils ne s'en doutent pas, mais une loi quelconque devrait bien le leur apprendre.

L'appât du gain, le besoin peut-être, fait de ces parents pauvres de véritables proxénètes sans le savoir, car il appert des registres de la police que la légion sans cesse croissante des filles publiques se recrute en grande partie parmi les femmes de chambre, les cuisinières et les demoiselles de magasin sans place.

Les exemples qu'on en cite sont innombrables. Ils se résument tous dans celui-ci, qui date d'hier :

Une jeune fille de Vendôme, Marie S..., agée de dix-huit ans, arrive à Paris chaudement recommandée par le propriétaire de je ne sais quelle petite boutique locale, à son ami X..., chef du personnel d'un grand bazar. Elle se présente à cet important personnage, dispensateur des places tant convoitées ! Marie S... n'est pas très jolie. D'ailleurs, la beauté des sujets n'a, paraît-il, aucune influence sur ces messieurs. On le dit, et je veux bien le croire, mais je suis persuadé du contraire.

Il est certain que le public n'aime pas les figures revêches et qu'il va de préférence aux minois affriolants qu'on lance à sa rencontre. Bref, Marie S... convient; elle sait ce qu'on demande aux demoiselles du rayon des trousseaux et layettes; il n'y a que dix-sept jeunes filles à faire entrer avant elle dans le grand bazar. C'est l'affaire de six semaines, deux mois au plus.

Marie S... est un peu désillusionnée. Elle estime qu'il faut retourner à Vendôme et attendre une lettre d'avis du grand bazar, mais le chef du personnel lui dit avec une apparence de raison, qu'elle fera mieux de se tenir à la disposition du grand bazar, à Paris. Du jour au lendemain on peut l'appeler, et alors...

Marie S... voit tout perdu si, par hasard, elle allait manquer d'une minute à l'appel du grand bazar. Elle rentre à son hôtel meublé, rue Montmartre, et déclare au patron de l'immeuble borgne qu'elle va rester un mois ou six semaines chez lui. Le patron sourit. Elle remarque ce sourire, mais sans le comprendre.

L'honnêteté de cette pauvre fille est jusqu'ici parfaite. Elle ne s'ennuie pas encore ; elle commence cependant à flâner. Un soir, elle cause machinalement avec sa voisine, une grosse qui sort et qui rentre à chaque instant de la soirée avec des hommes. Je passe les détails, car ce sont ceux du roman ordinaire de la chute des filles pauvres.

Par suite de quelle combinaison Marie S... fait-elle la connaissance d'un beau voyou, ami particulier de la grosse dame, et qui lui emprunte ses derniers sous pour la conduire dans une maison borgne du boulevard de Belleville ? Mystère.

Ce qu'il y a de certain, c'est que trois lettres des parents étant retournées à Vendôme sans avoir joint la destinataire, on s'est adressé à la police, qui a recherché Marie S... et qui l'a découverte. Elle était placée dans une maison qui n'a rien de commun avec le commerce des nouveautés. La prostitution des faubourgs l'avait prise.

L'attente indéfinie des places distribuées parcimonieusement par le grand bazar conduit les filles au vice et à la débauche, c'est certain. Il n'y a guère d'exceptions que pour celles qui sont logées en famille et qui attendent la place promise dans un endroit honnête, surveillées par un père de famille, leur proche ou l'ami de leurs parents.

Une fois entrées au grand bazar, les jeunes filles restent divisées comme ci-après : celles qui couchent en ville, chez de soi-disant répondants, et celles qui, seules dans Paris, couchent dans les dépendances du grand bazar. Au Bon-Marché, ces demoiselles sont une centaine, au Louvre également.

Au Bon-Marché, elles ont une série de petites chambrettes, proprettes et claires, dans les combles de l'immeuble. Au Louvre, elles ont l'hôtel du personnel, situé au quai des Grands-Augustins. Les règlements des grands bazars disent que le personnel ne peut découcher sans autorisation et que cette autorisation ne peut être que rarement accordée. Rarement serait *shocking* s'il ne s'agissait là évidemment du personnel masculin, je pense, à l'exclusion de l'autre.

Nous avons vu l'essaim bourdonnant des jeunes

filles se rendre au réfectoire. Quel dommage que je ne puisse conduire le lecteur dans les dortoirs où tout ce pensionnat bavard et potinier va se gîter chaque soir à neuf heures ! Quels cancans on y entendrait ! Quelles réflexions et quelles observations! Et les confidences sur les incidents de la journée, sur les clientes, sur les clients!

— Oh ! ma chère !

— Si vous saviez, ma chère !

— Figurez-vous, ma chère !

Tout cela cependant s'endort en rêvant aux idylles commencées avec les jolis vendeurs du Parapluie, de la Toile ou de l'Article de Paris. Et le lendemain, sur un coup de cloche formidable, tous ces petits serpents réchauffés par le grand bazar sortent des draps, barbotent dans les cuvettes, s'habillent à la hâte et s'en vont par les rues, par les escaliers, trottant et bavardant à nouveau, préparer les filets de la journée, dans lesquels on prendra la badauderie parisienne.

Si vous dévisagez en entrant toutes les demoiselles d'un rayon, vous en trouverez beaucoup plus de jolies que de laides. Et parmi les plus jolies, vous trouverez deux ou trois figures fines, au plus. C'est la part de l'aristocratie déchue dans le personnel féminin du grand bazar.

Vingt pour cent de filles nobles, que la pauvreté a condamnées au travail;

Vingt pour cent de jeunes filles d'officiers, de fonctionnaires modestes, assez bien élevées;

Et soixante pour cent de filles du peuple éduquées à la diable, plus ou moins, par le frottement, telles sont les proportions générales du personnel féminin occupé par le grand bazar.

Il est incontestable que la vue de ces jeunes filles travaillant tout le jour dans les galeries où circulent ces jeunes gens provoque chez le visiteur une même question :

— Comment tous ces gens là ne s'épousent-ils pas?

Car enfin, ils doivent s'aimer. Certainement quelques-uns d'entre eux s'aiment. Mettons de côté les hommes mariés à des femmes qui travaillent au dehors, et les femmes mariées à des hommes qui vivent aussi au dehors du grand bazar, il reste encore une forte majorité de célibataires des deux sexes qui doivent forcément se sentir attirés les uns vers les autres, dans les coins sombres, aux heures engageantes où la foule emplit les salles, où le jour baisse, où l'obscurité et l'encombrement permettent les serrements de main discrets et les baisers furtifs.

Je me suis demandé, un jour que je regardais tout cela sous cape, pourquoi l'homme de génie des grands bazars ne se lèverait pas à nouveau pour marier en bloc ses célibataires mâles avec son personnel féminin. Eh bien, en réfléchissant, je dois reconnaître que l'organisation diabolique du grand bazar s'opposerait à cette union générale des cœurs pardevant M. le Maire.

Cependant les mariages entre employés du grand bazar sont nombreux. C'est la partie avide de légalité qui se sépare du reste

Il ne faudrait pas exagérer cependant la proportion des unions légales qui se consomment entre ces jeunes gens et ces demoiselles. Elle est de dix pour cent au plus; mais dix pour cent, c'est déjà joli, quand on pense que personne ne pousse les malheureux à l'union légale, et que le grand bazar, si soucieux de la tenue de ses humbles collaborateurs, se désintéresse parfaitement de leurs mœurs maritales.

A vrai dire, il n'encourage pas au mariage. Je le soupçonnerais presque de voir ces unions avec défiance. En effet, n'est-il pas à craindre que le jeune homme, une fois marié, ne soit moins empressé avec les clientes? Ne peut-on pas craindre que la jeune fille, une fois épouse et mère, ne devienne moins apte aux travaux de chaque jour?

Le grand bazar ne dit pas qu'il craint cela, mais on peut le soupçonner de le craindre, puisqu'il reste

indifférent au mariage de ses employés, lui si
disposé d'ordinaire à la philanthropie, si souvent
prêt à diriger la vie de son personnel.

Et, en effet, qu'est-ce que le mariage du petit
vendeur des Soieries avec la petite vendeuse des
Chaussures d'enfants? La réunion de deux misères.

Le jeune homme a souvent eu l'occasion de conduire les clientes au rayon des chaussures d'enfants.
Il a remarqué la jeune fille une première fois; puis
il le lui a fait comprendre; celle-ci, de son côté, l'a
trouvé gentil. Au lieu de se donner rendez-vous
dans les endroits les moins distingués de Paris,
comme les camarades, pour y ébaucher une de ces
liaisons vicieuses, passagères, que la lassitude et
le dégoût réciproques viennent rompre au bout de
quelques semaines, après trois ou quatre dimanches
passés aux courses ou dans les bals publics, ces
jeunes gens, nés de bonnes familles tous deux, se
promettent de s'épouser. Quoi de plus aimable que
ce petit roman?

Les détails en sont exquis : le jeune homme, qui
ne pense qu'à sa bien-aimée en débitant de la soie
aux mères de famille, est empressé comme on ne
saurait le croire avec les enfants, fillettes ou garçons,
qui accompagnent mesdames leurs mères.

Il finit à peine de livrer la soie, que déjà ses pen-

sées volent au rayon des chaussures d'enfants. Il faut voir avec quelle câlinerie il demande si la petite famille de la dame n'a pas besoin de bottines, de feutres, de pantoufles! S'il a le bonheur de tomber sur une famille d'enfants qui n'ont pas de souliers, il est dans le ravissement. Il persuade à tout ce petit monde que le rayon des chaussures est tout près du sien, même s'il en est horriblement éloigné. Sa joie ne se contient plus quand il a, par son éloquence, décidé la dame à s'occuper des chaussures immédiatement, et toute affaire cessante.

Alors il guide la famille à travers un dédale de bibelots, de tapis, d'étoffes dépliées; il fait traverser à sa cliente le magasin dans toute sa largeur. Il lui parle toujours de la pluie et du beau temps, pour l'entretenir et ne pas la perdre. Les enfants ne font pas de réflexions; ils s'amusent de cette pérégrination. Mais la mère trouve qu'on vient de passer devant la toile, où l'on aura besoin de revenir, devant la parfumerie, où il y a beaucoup à acheter, devant la bonneterie, qui prendra une demi-heure. Il eût été sage, dit-elle, de s'y arrêter.

Le petit vendeur, qui a son idée fixe, lui crie : marche! marche! sous une forme pleine d'à-propos et de couleur locale. Enfin, il arrive à ses fins; la famille fait son entrée dans le rayon de la chaussure pour enfants, et c'est la petite vendeuse qui reçoit, de ses mains, à lui, dans ses mains à elle, le paquet acheté par la cliente aux Soieries, et le petit bulletin de débit.

En se regardant, les deux amoureux ont rougi; en se passant le paquet, ils se sont sournoisement pressé les mains. La dame sera bien servie, elle peut en être sûre. C'est ainsi qu'il faut expliquer quelquefois des amabilités inattendues et des courtoisies invraisemblables chez des demoiselles qu'on a trouvées précédemment froides et indifférentes. Les Parisiennes qui vont souvent au grand bazar connaissent quelques-uns de ces petits dessous. Elles les ont observés à leur profit, et il en est qui vont toujours d'un rayon desservi par des hommes à un rayon desservi par des demoiselles. Soit pour le bon motif, soit pour l'autre, le commis a toujours affaire dans les cotillons, et le plaisir que cause sa venue éclaircit les figures les plus moroses. On est mieux servi.

Si, vers la fin du jour, vous rencontrez une demoiselle un peu revêche dans un rayon du grand bazar, c'est que de toute l'après-midi elle n'a pas vu son amoureux. Le hasard, le malheureux hasard a fait qu'il n'a pas eu, lui, une seule cliente à conduire au rayon de sa Dulcinée. Aussi la petite a

frappé du pied ; elle s'est impatientée, elle a bou-
gonné ; elle est maussade. Vous vous demandez
pourquoi cet air désagréable. Voilà.

Ceux qui cherchent à se voir ainsi, pour le bon
motif, en font aussitôt la déclaration à leurs chefs et
en informent leurs parents. Si les parents acceptent,
les jeunes gens s'épousent. On raye la demoiselle
des registres du grand bazar et on l'y inscrit à
nouveau, sous le nom légal de son mari. Les époux
ont un jour pour faire la noce, et pendant ce jour,
ils ne sont pas payés, ce qui indique bien que le
grand bazar se désintéresse, comme je le disais,
de leurs amours permises.

Or, ce petit vendeur et cette petite vendeuse que
personne ne vient appuyer ni encourager, à qui le
grand bazar n'accorde même pas la prime indiquée
des bonnes mœurs triomphantes, fondent pour la
cent millième fois, le jour où ils s'épousent, la
Société Misère et Compagnie.

Leurs deux traitements réunis forment à peu près
trois mille cinq cents francs, tout juste de quoi vivre
en se serrant beaucoup. Au bout de quelques
mois, la petite femme est enceinte. Comme elle a une
santé délicate, son travail quotidien s'en ressent.
Le mari en souffre, et elle aussi par la suite, car un
moment vient où elle ne peut plus aller au magasin.

Elle garde la chambre, puis le lit. Le grand bazar n'entre pas dans ce détail d'intérieur : il supprime la paie. Autant de jours d'absence, autant de journées de paie en moins. C'est impitoyable, mais il paraît que si on ne procédait pas ainsi, beaucoup de ces demoiselles récemment mariées joueraient à la duchesse et resteraient chez elles, sans y être contraintes aucunement par la maladie.

La grossesse prenant fin, la petite femme revient à ses chaussures après un mois ou deux de chômage. Elle n'est pas plus forte qu'avant, au contraire. Mais enfin, elle lutte, elle se raidit. La santé lui manque, mais elle a du courage. Pas d'autre état en main, il faut bien qu'elle aille jusqu'au bout.

Cependant voilà que l'enfant à son tour tombe malade. Il faut le veiller. La nuit, la petite femme prend sur son sommeil, le grand bazar n'a rien à y voir. Mais le jour? Ce n'est pas son mari qui peut la remplacer. Il n'a garde, lui non plus, de manquer au rayon, sans quoi sa paie aussi recevrait une douloureuse atteinte. Il faut donc prendre une garde-malade, faire venir un médecin, dépenses excessives, ou remplacer la garde-malade en s'abstenant d'aller au magasin.

Entre la vie de l'enfant et les trois francs par jour

du grand bazar, la petite femme n'hésite pas. On fera comme on pourra plus tard. Mais plus tard, les dettes se sont accumulées. Avec toutes ces maladies et ces intermittences dans le service, la somme des appointements est singulièrement diminuée. Celle des bénéfices sur la vente de chaque jour est nulle, naturellement. La misère est pressante. Le petit vendeur roule des projets bizarres ; il est socialiste, il en veut à ce grand bazar qui lui retire le pain, qui veut la mort de sa femme, de son enfant, sa mort à lui-même. Il ne sait plus trop ce qu'il dit, signe indubitable d'un dérangement cérébral et d'une combinaison projetée. Si la petite femme est un ange d'honnêteté, ce qui arrive quelquefois dans ce cas-là, elle le calme pour un temps, elle le fait patienter, elle l'engage à souffrir. Si elle n'est qu'une femme ordinaire, elle accentue ses récriminations, elle les complète, elle les exagère, elle les ressasse à son oreille. Alors, lui, le petit vendeur, il est perdu. Il va au grand bazar, et il vole.

Sa femme n'en sait rien d'abord, puis elle devient sa complice. Cela dure deux mois, et chaque fois qu'il vient de faire un mauvais coup, le malheureux se jure de ne plus recommencer. Il vole des objets de prix qu'il revend à un vieux fripon du quartier latin. Enfin, il est pris. On l'arrête, on arrête sa femme. Les voilà tous deux en cour d'assises, pour avoir voulu le mariage légal, disent-ils avec acrimonie, tandis que leurs camarades se contentent de l'*autre*, et s'en portent beaucoup mieux.

Ce qu'il y a de pis, c'est que ce qu'ils disent est vrai !

Triste moralité, triste vérité au fond. Comparez la situation des commis mariés et celle des commis qui ne le sont pas, celle des petites vendeuses mariées et celle des grandes filles qui ne le sont pas, vous en arriverez à conclure que le bonheur, si bonheur il y a, n'est pas du côté de ceux qui ont passé par la mairie.

Les autres, eux, s'amusent, font la cour aux grandes filles, les emmènent à Longchamps par le chemin de fer de Suresnes, et leur paient à dîner quand ils ont gagné aux courses. Ils n'ont qu'à se laisser vivre. Leur vie n'est peut-être pas tout à fait digne d'être citée comme modèle à la jeunesse des pensionnats, mais au moins elle est exempte des noirs soucis du foyer conjugal, du moutard à nourrir, de la garde-malade à payer. Filles de boutiques et descendants des calicots s'en vont donc bras dessus bras dessous, faire la fête et l'amour pendant toute la journée du dimanche. Le lendemain, au premier appel, ils sont en retard, et on les met à l'amende, c'est vrai. Mais avec ce ressort incroyable des tempéraments vicieux et désordonnés, ils ont le sourire facile, la mine devient engageante à la première cliente qui s'avance. Tout est oublié dans leur aspect courtois et empressé.

Ils songent déjà aux gains de la semaine, pour recommencer la noce le dimanche suivant.

Cela ne fait-il pas, au fond, et toutes jérémiades à part, l'affaire du grand bazar, qui ne connaît que la vente à outrance, partout et toujours?

Oui. Voilà pourquoi le grand bazar s'inquiète de la moralité de son personnel moins que d'une paire de pantoufles.

Je sais qu'il y a des demoiselles employées aux grands bazars qui se conduisent fort bien, sortent le dimanche avec des personnes respectables et souffrent du dévergondage qui caractérise leurs camarades.

Je sais qu'il en est d'honnêtement mariées au dehors, qui passent leur dimanche à repriser les bas de la famille et à faire la lecture aux enfants.

Je sais enfin qu'il en est de très heureusement mariées dans le grand bazar, qui n'ont pas de maladies ni de chômages, et qui vivent heureuses de leurs salaires avec leurs petits maris et leurs petits marmots.

Je sais tout cela et je le proclame. Mais ce sont là

des exceptions. La majorité des demoiselles du grand
bazar est faite de petites cocodettes ou de grande
gourgandines, qui apprennent l'amour avec leurs camarades du sexe fort, et vont plus d'une fois exercer
leurs talents dans le monde interlope des entremetteuses. C'est connu de tout Paris.

Où est le mal? Chacun est libre de ses mouvements dans la vie. Je veux seulement montrer que
le grand bazar a créé là un groupement de femmes
et de filles qui fatalement, se déprave et déprave
les autres. Encore une fois ce n'est pas sa faute,
c'est la logique des faits; il n'y a pas à lui en vouloir. Mais cela est.

J'ai posé la question suivante à l'homme qui connaît à fond la genèse des grands bazars :

— Placé entre deux jeunes filles qui postulent
pour entrer chez vous, l'une jolie, coquette, recommandée à demi par des certificats incomplets, et l'autre
laide, mais laborieuse, appuyée sur des papiers irréfu-
tables, laquelle choisirez-vous ?

— La première, sans hésiter! me répondit-il,
sans hésiter non plus.

« Le public aime les jolies figures. » C'est un
axiome du grand bazar.

Certes, nous avons vu plus haut la parvenue dé-
visager avec jalousie les minois chiffonnés qui font

paraître sa fille plus laide. Mais il faut dire aussi que la cliente du grand bazar s'adresse en général et de préférence à la demoiselle qui lui paraît la plus avenante.

Que ce soit un homme ou une femme qui s'avance entre les deux haies de vendeuses placées sur son passage comme une double rangée de sirènes, la plus sémillante du lot emportera l'acheteur dans son coin.

Après elle, un autre, et ainsi de suite jusqu'à la plus laide, qui resterait peut-être seule et sans occupation, si le *roulement* dont nous avons parlé ne venait contrebalancer cet effet des physionomies.

Il y a des femmes qui osent — elles ont toutes les audaces — renvoyer leur vendeuse, alors que la pauvre fille s'évertue à les servir de son mieux, et qui disent à la première :

— Donnez-moi donc une jeune fille plus agréable que mademoiselle! Sa figure me déplaît.

C'est textuel.

Il est donc certain que si le grand bazar pouvait, dans son recrutement féminin, ne trouver que des jolies filles, il les prendrait toutes, sans hésiter.

Il en prend le plus qu'il peut, et l'expérience est hélas! facile à faire :

Qu'une fille sans avantages physiques aille se présenter dans un grand bazar, munie des meilleures références, comme on dit ; le fonctionnaire à qui elle s'adressera ne manquera pas de l'ajourner à trois mois et de lui dire qu'il y a trois cents candidates inscrites avant qu'elle ait son tour.

Qu'une jolie frimousse se présente après elle, sa place sera trouvée dans les huit jours.

Il est certain que parmi les hommes, peu nombreux après tout, qui flânent dans les grands bazars, le tiers au moins vient pour lorgner les jolies filles. Mais nous étudierons plus loin ces singuliers bipèdes.

Sur cent demoiselles de magasin, l'homme qui connaît à fond la genèse des grands bazars estime que dix pour cent sont mariées, dix restent honnêtes filles, dix vivent en concubinage avec des commis, et soixante-dix font la noce au dehors.

Admirable chose que la statistique !

LES FLANEURS

Je n'apprendrai rien au lecteur en lui disant que le public qui circule dans le grand bazar peut se diviser en deux fractions : celle qui vient pour acheter et celle qui vient pour flâner.

On flâne dans le grand bazar sous une foule de prétextes, ce qui donne aux physionomies du flâneur et de la flâneuse une grande variété.

La flâneuse élégante, qui fait arrêter ses chevaux devant le grand bazar et qui vient voir ce qu'il y a de nouveau depuis la veille, est la meilleure cliente du grand bazar. Elle sait tout ce que contient le catalogue. Elle vendrait au besoin de la bonneterie à sa femme de chambre, si on l'en défiait. Les rayons n'ont pas de secrets pour elle. Elle dépense quinze ou vingt mille francs par an dans le grand bazar.

Aussi croyez-vous qu'on va la saluer jusqu'à terre et que les demoiselles ainsi que les commis seront à ses pieds ?

Point.

Le courant des nouveaux venus est tellement irrésistible que le grand bazar n'a pas le temps de s'attarder aux bagatelles qui sauvegardaient la clientèle chez les marchands d'autrefois. On est poli pour la flâneuse ; mais le jour où elle n'achète pas, les petites femmes et les jeunes gens la laissent presque seule regarder, manier, tâter, retourner les choses nouvelles. Ils ont affaire avec les acheteuses du moment, qui procurent un bénéfice tangible à la fin de la journée.

Une autre flâneuse dont la variété est très commune, c'est la femme qui vient fureter, scruter ce qui se fait, ce qui se porte de nouveau, non pas tant aux rayons du grand bazar que sur le corps artistiquement moulé des visiteuses élégantes.

Cette flâneuse-là est généralement peu riche. Petite bourgoise, bouffie de désirs et impuissante à les satisfaire, honnête jusqu'à la plante des pieds, parce qu'elle ne peut pas faire autrement, incapable de demander aux expédients immoraux dont j'ai constaté l'existence ce qui lui manquera toujours, vingt-cinq mille livres de rente, elle boude les femmes bien mises qui passent à côté d'elle et met à la torture les demoiselles de dix rayons pour savoir une foule de détails, absolument inutiles d'ailleurs, sur tout et sur rien. Elle vient jaser, potiner au grand bazar. Elle s'assoife, elle se dessèche le gosier à force de paroles dites en pure perte. Sur les quatre heures, elle va se rafraîchir au buffet, et rentre chez elle après avoir acheté un cendrier japonais de vingt-cinq centimes, pour ne pas rentrer les mains vides.

Une autre est la flâneuse étrangère, qui vient franchement pour flâner, pour voir le grand bazar comme elle ira voir les Invalides ou le Panorama. Celle-là, proie certaine pour l'avenir, n'achète rien, parce qu'elle voudrait tout emporter en Russie, à Vienne ou à Madrid. Elle retourne à son hôtel avec des catalogues plein sa voiture. Aussitôt réinstallée dans les châteaux de ses pères, elle devient pour le grand bazar une correspondante infatigable, qui écrit des dix et douze pages de commandes à l'entrée de chaque saison.

Il faut citer encore la dame de province, qui vient avec ses deux filles au grand bazar, et qui refuse d'acheter quoi que ce soit pendant qu'elle y est, en

disant qu'on est bien mieux servi par le chemin de
fer, contre remboursement.

Elle se rend, à cet effet, aux bureaux des expéditions en province, et y fait la connaissance des deux
commis qui correspondent avec elle. Dans ses rê-
veries de Château-Chinon ou de Brives-la-Gaillarde,
elle se les était figurés blonds, grands et bien dé-
couplés. Ses filles aussi. On avait jugé cela d'après
les écritures. Pas du tout, ils sont noirauds, petits et
trapus. Ça change les idées; on se figure d'ordinaire
les gens tout d'un trait quand on échange des
lettres avec eux sans les connaître ; et puis, pas du
tout, quand on les voit enfin, c'est autre chose.
Les commis sourient gentiment aux deux filles. On
reprend la petite promenade dans le grand bazar en
prenant des notes sur les robes nouvelles et sur les
chapeaux.

N'oublions pas la flâneuse du bâtiment qui
vient au grand bazar pour étudier les toilettes et
faire un rapport à sa patronne, qui est couturière.
Elle vient là parce que c'est le rendez-vous féminin
le plus grouillant de Paris. Elle est toujours sûre de
trouver au grand bazar deux mille femmes élégantes,
mises de toutes les façons, et dont les originalités
servent son tempérament d'artiste couturière.

Les demoiselles de la confection ne se privent pas,

elles non plus, de flâner dans le même but et d'étudier les toilettes du tourbillon féminin pour en faire leur profit. Il est même de règle qu'une demoiselle du grand bazar doit aller prévenir la première ou la seconde des confections aussitôt qu'elle a remarqué dans les galeries une femme mise d'un façon nouvelle. L'artiste accourt, suit la trace de la femme et l'étudie sans qu'elle s'en doute, pendant que celle-ci marchande une pièce de cretonne ou un tapis d'Orient.

Les femmes, à qui nous n'avons rien à apprendre, le savent bien. Et plus d'une fois, après avoir entendu de petits chuchotements derrière elles, sans retourner la tête, elles se prêtent complaisamment à l'examen, sachant très bien que ce sont elles qu'on examine, depuis la bottine jusqu'au chignon.

La flâneuse la plus banale est la femme mariée qui donne rendez-vous à son amant au grand bazar, devant tel ou tel comptoir. Elle n'a pas besoin de prétexte pour entrer. Elle flâne jusqu'à ce qu'elle se trouve devant le rayon convenu. Ce qu'on se donne de rendez-vous dans les grands bazars est extraordinaire. J'ai connu un jeune homme à qui une femme mariée donnait rendez-vous aux Parapluies. Le jeune homme essayait les paraverses et les parangons sans relâche, en murmurant des mots d'amour. Quel ne fut pas son étonnement lorsqu'il vit, un jour, un homme mystérieux s'avancer, et lui glisser à demi-voix l'adresse d'un hôtel meublé des environs !

Le premier type de flâneur masculin est celui ci-dessus, qui vient dans le but déterminé de trouver sa belle, une belle déterminée, dans un endroit du grand bazar non moins déterminé. Il entre, il cherche le rayon désigné d'avance, il va au but le plus directement possible. Une fois là, il attend, le nez en l'air ; et les commis, qui l'ont dévisagé, pour peu qu'il fasse le pied de grue, le regardent en riant sournoisement.

Le second est le flâneur qui vient chercher une bonne fortune parmi les femmes élégantes qui circulent dans le grand bazar. C'est le monsieur qui suit les femmes. Il les suit n'importe où, il entre même au grand bazar sans en viser aucune, avec la certitude que sa chance habituelle lui fera rencontrer là une victime de plus.

C'est généralement un homme jeune encore, beau garçon, très cravaté, très ganté, bellâtre.

Il se promène lentement, dévisageant hardiment les femmes du monde et celles du demi. Les deux mondes lui rendent ses sourires quelquefois, c'est ce qu'il y a de plus curieux.

Et presque toujours, après deux heures de flânerie, après deux ou trois attaques indécises contre des vertus farouches, il sort vainqueur du grand bazar. Il a séduit une femme mariée facile. Il lui a parlé dans la pénombre des trousseaux et des layettes, au moment où elle achetait des bavolets pour son délicieux moutard, qui a servi, le petit malheureux, d'entrée en matière au flâneur invincible. On s'est donné rendez-vous pour le lendemain, là ou ailleurs. Peu importe, c'est fait.

La fille d'Ève a encore trouvé un plaisir de plus dans cette flirtation, impossible ailleurs qu'au grand bazar.

Les inspecteurs connaissent toutes ces roueries, et la seule présence d'un homme beau et lent dans ses allures leur fait pressentir une affaire d'amour à son essor. Mais ils n'ont à cela rien à dire. Leur mission est restreinte au service d'ordre, et les mots brûlants échangés entre la clientèle des deux sexes les laissent indifférents.

Cette variété de flâneur est très nombreuse. Elle s'est même cantonnée à Paris presque exclusivement dans les grands bazars, maintenant que les anciens passages sont démodés, que les squares ne sont plus fréquentés que par la marmaille, et que les grands boulevards sont interdits aux femmes mariées qui sortent seules.

Mais le plus curieux des flâneurs, celui dont la
silhouette demanderait un Gavarni pour l'immorta-
liser, c'est le flâneur qui vient pour séduire les demoiselles de magasin.

C'est un homme entre deux âges et plus souvent un
vieux monsieur.

Le soir, à la clarté des mille becs de gaz, il a
remarqué de la rue les formes agréables d'une
jeune fille qui arrangeait son étalage. Il a noté
le rayon auquel appartient cette beauté. Il entre
le lendemain dans le grand bazar. Il tourne
autour du rayon et se décide enfin à y pénétrer quand
il reconnaît que la personne en question n'est pas
occupée. Il s'adresse à elle et lui demande les objets
les plus inattendus. Nécessairement il faut que
ces objets soient dans le rayon où trône la demoiselle.

La conversation s'engage, les compliments pleuvent,
la jeune fille minaude; enfin le vieux monsieur
sort du magasin après un quart d'heure de conversation à voix basse. Il est porteur de quelques bibelots qu'il a, pour la forme, achetés à sa Dulcinée nouvelle. Et le soir, à l'heure convenue entre les deux
tourtereaux, le vieux monsieur vient cueillir, non
loin des portes du magasin, la petite pécore à laquelle
il offre son cœur, ce qui n'est rien, et une série

de petites sommes gentilles, ce qui touche bien davantage la vierge du grand bazar.

Presque toutes les liaisons des demoiselles de magasin avec les vieux messieurs qu'on voit circuler en fiacre à leurs côtés, les dimanches et jours fériés, commencent et commenceront toujours de cette façon.

J'ai gardé pour la fin les flâneurs vicieux, parce que leur cas est vraiment répugnant ; mais, comme ils sont, eux aussi, fort nombreux, ce serait omettre des détails singulièrement caractéristiques que de passer leur affaire sous silence.

Ces flâneurs sont la honte et la plaie inévitable des foules. Ce sont les maniaques qui suivent la foule pour se frotter à elle, pour toucher d'une main frémissante les femmes de toutes catégories qui se pressent autour d'eux. La police les appelle des *frotteurs*.

Les jours d'exposition au grand bazar, ils s'engouffrent avec joie dans la cohue féminine et capiteuse qui se déroule en longue file le long des comptoirs. C'est au moment où ils se sentent portés, où ils ne peuvent plus avancer d'un pas, que leur passion se développe dans toute son ampleur. Les inspecteurs les reconnaissent bien et les suivent de l'œil, mais ils ne peuvent pas toujours les prendre.

On les voit pâles, hagards, avec des teintes vio-
lettes sous les yeux, se laisser enlever machinalement
par le troupeau irrésistible des femmes tassées les
unes contre les autres. Ils se font légers pour que
les épaules féminines les soutiennent de tous côtés
au dessus du sol. Leurs corps se trouvent ainsi frottés
de la tête aux pieds par des corps de l'autre sexe.

Alors d'une main fiévreuse ils flattent les femmes,
les caressent avec une audace qui n'a d'égale que
l'impudique silence de la fille d'Ève. La mignonne
se laisse faire; elle ne crie pas, elle ne se défend
pas. Elle prétend que ce serait inutile et qu'on
ferait du scandale. Mais l'œil vigilant des inspecteurs
est là pour la démentir.

Interrogez les policiers des grands bazars; ils
vous diront que toutes les fois qu'un frotteur se
porte à des attouchements sur une femme bien
attifée, celle-ci se garde de protester.

Au fond, elle est flattée.

Les médecins connaissent bien cette maladie du
frottement dans les foules. Le cas a été observé mille
fois pour une, dans les grandes fêtes populaires où
toute la ville de Paris, massée sur les boulevards ou
dans les Champs-Élysées ne forme qu'un immense
entassement d'hommes et de femmes, où la polisson-
nerie sournoise de ceux-ci donne un plaisir silencieux

à l'impudeur de celles-là. Or, les grands bazars ne sont qu'une réédition quotidienne de cette promiscuité monstre. La foule y grouille les jours d'exposition avec une intensité d'autant plus dangereuse pour les mœurs que la femme y domine et que le suiveur de femmes peut y trouver ses joies malsaines avec plus de certitude qu'en nul autre endroit de la terre.

Les faits recueillis par la police des grands bazars à ce sujet sont écœurants. Femmes du monde suivies, pressées, manteaux féminins pollués, tout y est.

Laissons ces ignominies, ces hommes changés en brutes par le vice, ces femmes du monde changées en catins par l'assurance de l'impunité, cette paillardise crapuleuse, cette fange, et passons à d'autres héroïnes du grand bazar, aux voleuses !

Là encore nous allons retrouver les mauvais instincts de la femme.

LES VOLEUSES

Ce que le public vole dans les grands bazars est inimaginable.

Nous avons vu plus haut les employés prévaricateurs et débauchés faire main basse sur des objets de première consommation, sur de l'argent. Il nous reste à voir les femmes du monde, du demi-monde et du quart de monde opérer elles-mêmes, dérober aux étalages, sur les comptoirs, dans les rayons, ce qu'il y a de plus cher et de plus rare.

Le fait est connu, il n'y a donc pas à en faire mystère, bien que les grands bazars aient toujours tenu à le cacher : on arrête dans les magasins de nouveautés de grande marque quatre et cinq voleuses par jour!

Et ces voleuses ne sont pas, comme on pourrait le croire, des criminelles de profession, des rôdeuses mal mises, des rouleuses dépeignées, sur lesquelles l'œil attentif des inspecteurs spéciaux ne manquerait jamais de se fixer. Ce sont des femmes bien mises, élégantes, aisées, souvent fort riches, et par leur toilette même à l'abri de tout soupçon.

Comme cette chute formidable de la femme vient confirmer ce que nous disions au début de ce volume! Comme la coquette, cupide et inassouvie, qui se trouve aux prises avec la tentation permanente du grand bazar devait finir par cette honte!

Voleuse!

Elle a soif de ce qui l'entoure; elle perd tout ce que la Nature lui a donné de cervelle; et quand ses sens outrageusement excités ne la conduisent pas à quelque marché sans pudeur, elle vole!

La tête basse ou le front haut, suivant son tempérament, l'œil imperturbable ou la paupière baissée, elle se pavane ou elle se glisse entre deux rayons encombrés, et d'une main leste, elle vole ici une dentelle, là un coupon de soie, là des gants, là du velours, qu'elle dissimule avec une agilité incroyable sous son vêtement.

Satisfaite de ce beau coup d'audace, presque fière de son ignominie, elle s'en va rejoindre ses enfants, son mari, à qui elle raconte d'odieux mensonges. Elle les embrasse sans rougir, et le lendemain, elle sort triomphante dans la rue, portant sur elle et faisant porter aux siens les objets qu'elle a volés !

De la femme, rien ne doit étonner; mais cependant ceci dépasse la mesure des fantaisies attendues. Et pourtant quoi de plus véridique que la statistique de ces voleuses mondaines? En 1881, les grands bazars en ont fait arrêter quatre mille par la police !

Les Jérémies de notre temps se lamentent là-dessus, et ils ne manquent pas d'accuser les grands bazars d'avoir fait tout le mal, avec leur enfer des tentations, leurs sentiers semés de richesses alléchantes. Ils représentent la femme allant au-devant du vol comme Aladin allait au-devant des fruits d'or qui poussaient sur son chemin, et que la Lampe merveilleuse éclairait de rayons magiques. Ils l'excusent moralement, philosophiquement, psychologiquement, médicalement, et nous verrons encore comment.

Mettons de côté le respect dû à la philosophie, à la psychologie et à la docte médecine; toutes ces excuses ne valent pas le diable. Il est de rares exceptions, et nous verrons comment la science les analyse. Mais la femme est vicieuse ; elle tombe dans le vol de l'ombrelle ou du fichu de soie comme elle tombe dans l'adultère. Le développement des grands bazars parisiens a permis de constater plus que jamais cette infériorité proclamée de tous temps. Il n'y a rien de plus dans le cas de la femme qui vole au grand bazar. C'est une jolie créature qui redevient la bête sans pudeur et sans vergogne, comme aux heures de la sensualité. Un rut immonde la prend.

Que d'honnêtes bourgeois, que d'honorables commerçants, que d'intègres fonctionnaires ont, un soir, attendu vainement leur femme, qu'ils avaient conduite eux-mêmes au grand bazar dans l'après-midi !

L'heure du dîner s'approchait ; les minutes inquiétantes s'écoulaient, et personne ne venait. La petite famille, groupée autour du père, commençait à trembler qu'il ne soit arrivé un accident. Tout à coup le timbre vibrait ; on allait ouvrir. Un homme noir se présentait de la part de la mère de famille, disait-il. Le père le recevait dans son cabinet de travail, livide, atterré, attendant la nouvelle d'une épouvantable catastrophe.

En effet, la catastrophe était épouvantable. La femme avait été arrêtée au grand bazar, par le service de la sûreté, comme voleuse.

Voleuse ! Elle avait volé tant et tant, depuis deux mois, qu'enfin on l'avait remarquée, suivie et capturée ! L'homme de la police venait raconter cela au père de famille, avec assez de discrétion, pour éviter un scandale immédiat, et par considération pour l'honorabilité de ce mari malheureux.

Mais le lendemain, il ne répondait de rien ; l'affaire suivrait son cours, et la voleuse irait en police correctionnelle recevoir du tribunal les trois mois de prison que la loi lui attribue !

Si l'on réfléchit aux scènes de famille qui ont dû suivre cette scène de cabinet, on n'a aucune envie d'en rire. La chose peut vous arriver demain, à vous, à vos proches, à vos meilleurs amis. La femme est inexplicable dans ses soudainetés criminelles aussi bien que dans ses attaques de vertu.

Ajoutez que le vol paraît facile dans la cohue qui emplit le grand bazar à certaines heures, que l'occasion passe pour être la mère du crime, et vous aurez une idée de ce que les enjôleuses de notre sexe, même les mieux rentées, font disparaître d'objets dans leurs manteaux, sous leurs visites, avec une rouerie et une prestesse dignes des plus vieilles volontaires de Saint-Lazare.

Aussi n'en prend-on que quatre ou cinq par jour, alors que les vols quotidiens doivent être de cinquante environ par jour, dans chaque grand bazar. On dit : doivent être, car ni la police des grands bazars, spécialement payée par eux, ni la police du gouvernement, requise tous les jours par eux, ne le sauront jamais exactement.

C'est un axiome à formuler que celui-ci : Le seul ennemi contre lequel le grand bazar ait à lutter jour et nuit, et à armes inégales, tout à fait inégales, c'est le voleur mâle et femelle, qui le pille sans repos ni trève : voleur mâle parmi les employés ; voleur femelle dans le public.

Cette coalition devrait avoir tué les bénéfices des maisons les plus solides.

Il paraît que ceux des grands bazars sont incalculables, puisqu'ils résistent à ce coulage, à cette battue en règle, à cette chasse incessante, à ce brigandage sans merci. Tant mieux pour eux, mais comme dit le peuple :

— Faut-il qu'ils gagnent pour supporter le choc !

Laissons les généralités pour entrer dans les détails : ils sont instructifs et déplorables....

Madame X..., une jeune et jolie femme, mariée à un général de division qui commande en province, se présente un jour au grand bazar, accompagnée d'un monsieur très bien mis, qui n'est pas son mari, et dont la rosette d'officier de la Légion d'honneur devrait écarter tout soupçon.

Cependant ses allures inquiètent le chef spécial de la police du grand bazar, qui toute la journée regarde les femmes, les toise et cherche sa proie dans le tas. Une heure après son arrivée, la dame avait volé pour deux cents francs de marchandises. On ne l'arrête pas, par considération pour le personnage innocent qui l'accompagne ; mais avec une logique parfaite, le chef de la police se dit qu'elle reviendra.

Deux jours après elle revient seule.

Elle vole une pièce de ruban, deux parapluies et dix-sept paires de gants. On l'arrête à quarante pas du grand bazar, discrètement ; car l'arrestation ne s'opère jamais qu'au dehors. Elle proteste de son innocence pour commencer. Enfin elle avoue, restitue tout ce qu'elle avait caché dans sa rotonde, et déclare que l'homme qui l'accompagnait deux jours auparavant est un professeur agrégé de la Faculté de médecine, qui est son amant.

On la conduit au commissariat de police et de là au Dépôt. Le reste se devine. Comparution devant le juge d'instruction, police correctionnelle, prison... Et pendant ce temps-là, le général commande ses régiments en province.

Par respect pour le caractère officiel du mari, on a étouffé l'affaire.

La princesse Z..., une Russe, est arrêtée par le chef de la police du grand bazar au moment où elle met le pied dans sa victoria attelée de deux chevaux pimpants.

Le cocher s'interpose. Mais l'œil du policier trouble la femme. C'est toujours l'œil qui dompte la femme coupable ; elle consent à suivre le chef de la police dans le cabinet de la direction sans faire d'esclandre, en baragouinant de l'allemand et du russe tour à tour.

Elle arrive là et proteste à nouveau de son innocence, dans une foule de langues aussi incompréhensibles les unes que les autres.

L'étrangère qui vole dans les grands bazars sait admirablement le français pour demander des renseignements, mais dès qu'elle est prise, elle ne sait plus un mot de cette langue.

En face des trois ou quatre chefs de la maison qui vont l'interroger, la princesse se campe fièrement, attendant leurs ordres avec la dignité apparente d'une victime qu'on va sacrifier. On est en été, sa robe échancrée sur la poitrine laisse entrevoir deux seins légèrement découverts.

— C'est là que madame a glissé une pièce de surah (douze foulards de soie), dit le chef de la police, et ici la dentelle, ici les articles de Paris, ici .la mantille, ajoute-t-il en indiquant diverses poches de la robe très ample que porte la princesse.

On appelle une demoiselle de la confection.

— Déshabillez madame.

La demoiselle obéit, dégrafe la robe et trouve entre les deux seins la pièce de foulard demandée. La princesse se rend à l'évidence ; elle tire de sa poche tout ce qu'elle a dérobé. Il y en avait pour 450 francs à peu près. On la conduit au commissariat de police et de là au Dépôt.

Miss Kate C..., institutrice anglaise, s'était fait filer deux ou trois fois par la police du grand bazar. Un beau jour on l'arrête en flagrant délit de vol de plumes à chapeaux. Conduite devant le Conseil qui se réunit chaque fois qu'une voleuse est arrêtée, miss Kate proteste de son innocence, naturellement.

On appelle la demoiselle de la confection pour la déshabiller.

La demoiselle obtempère, et de tout le petit corps maigrelet de miss Kate s'échappent des nuées de plumes blanches, vertes, rouges, omni-colores. On eût dit la femme sauvage.

On fait immédiatement une perquisition chez elle, et on y retrouve toutes les variétés d'objets qu'elle a volés depuis deux ans sans être prise.

C'est la perquisition qui tue la voleuse et qui l'accable. Lorsqu'elle nie, avec l'énergie féroce de la femme déshonorée, les faits les plus évidents, le chef de la police du grand bazar n'a qu'un mot à lui dire :

— C'est bien, madame, allons chez vous !

A ce moment la femme pâlit, chancelle, s'évanouit, tombe à genoux, joue toutes les comédies pour retarder l'heure de cette perquisition terrible qui est la preuve irréfutable de son infamie.

Si les grands bazars cèdent quelquefois à des considérations particulières pour se désister de leur plainte contre la voleuse, il est juste de dire que jamais ils n'abandonnent la perquisition, puisque la perquisition constitue le document essentiel du dossier de la voleuse, document qui dort avec ses pareils dans les cartons du grand bazar, en attendant l'avenir.

L'affaire de Mme X... et de ses filles, qui volaient dans les grands bazars, sous l'Empire, alors que la police des magasins de nouveautés ne fonctionnait pas encore, est bien connue.

Mme X... avait une belle fortune ; elle n'en volait pas moins des châles de l'Inde et des soieries du plus grand prix, avec l'aide de ses filles qu'elle avait stylées. Et ceci est le comble du genre : comme elle ne pouvait utiliser tous ces châles de l'Inde, ni

les revendre à Paris, elle avait établi des commissionnaires à l'étranger, et leur expédiait *ses* marchandises, tout comme un négociant de Lyon
l'eût pu faire.

Le chef de la police **d**'un grand bazar arrête récemment une bonne de Vincennes, en flagrant délit.

On l'amène au Conseil et, devant ses pleurs, on
consent à la taxer comme l'usage s'en est répandu
trop fréquemment. On lui demande de verser 1000 fr.
dans les vingt-quatre heures au bureau de bienfaisance de l'arrondissement. Le lendemain matin
elle apportait le reçu du maire. Servante-maîtresse
d'un vieux grigou, elle avait avoué son vol au
Géronte, et l'amour avait dénoué les cordons de la
bourse.

Mme V..., une veuve très riche du faubourg Saint-
Germain, est arrêtée pour la sixième fois dans un
grand bazar. Perquisition faite, on trouve chez elle
pour sept mille francs d'objets volés à tous les grands
bazars de Paris. Jusqu'à la batterie de cuisine, tout a
été reconnu par les marchands pour avoir été
dérobé.

Mme Z..., femme d'un chef de bureau à la préfecture de la Seine, vole dans les magasins et se fait
arrêter. On lui demande d'envoyer quelqu'un au
directeur du magasin pour répondre d'elle et de sa

ferme intention de ne plus recommencer quand elle aura payé la taxe.

Qui envoie-t-elle ?

Son amant, le comte Y..., ancien préfet, ancien chef hiérarchique du mari.

Et le comte Y..., qui n'a pas le temps de revenir deux fois, envoie au directeur du grand bazar la comtesse, sa femme, qui plaide la cause de la concubine de son mari !

Ils en voient de drôles, certainement, les directeurs des grands bazars.

Mais l'homme qui en voit de plus drôles encore, c'est l'inspecteur qu'ils investissent du pouvoir policier dans toute l'étendue de leurs magasins. Le poste important de cet agent spécial existe dans tous les grands bazars, et il faut pour le remplir un tact, une habitude, un flair considérables.

L'un d'eux, avec qui j'ai été plus particulièrement mis en relations, est un homme prodigieux dans son genre. Il pourrait défier en champ clos tous les littérateurs qui ont écrit sur la femme, non qu'il ait des prétentions littéraires, mais la science de la femme qu'il a forcément acquise, à la longue, est considérable.

Qu'on songe au rôle de cet homme, qui chaque jour se demande quelle singerie nouvelle la femme va

pouvoir inventer pour dépister son flair, qui chaque
jour conduit au commissariat de police trois, quatre
et cinq voleuses du grand monde, qui assiste à
leurs aveux, à leurs supplications, à leurs four-
beries nouvelles, et l'on reconnaîtra que cet homme-
là, observateur quotidien de la chute de la
femme, rendrait des points à M. Dumas fils pour
la dissection du squelette féminin.

Ses déclarations, fruits d'observations constantes,
sont nettes et franches, et je les transcris ici fidèle-
ment :

— Il n'y a pas de catégories sociales à faire pour
diviser les voleuses, me disait-il récemment. On
pourrait affirmer que toutes les classes de la société fournissent leur contingent. Cependant, il
est incontestable que les femmes du monde volent
beaucoup plus que les femmes du peuple.

— Mais, avant d'arriver à l'étude des conditions
sociales de la voleuse, ne pourriez-vous me dire
comment vous divisez philosophiquement ces étonnantes créatures ?

— En trois classes : la voleuse par tentation, la
voleuse par occasion, la voleuse par profession.

— Voyons la voleuse par tentation.

— C'est la femme qui s'approche des comptoirs,
pendant qu'il y a beaucoup de monde, avec l'in-

tention véritable de payer. Cette malheureuse-là tremble comme la feuille de l'action qu'elle va commettre, et qu'elle ne commettra pas, du reste, si un commis vient à point pour la sauver. Elle demande tout haut s'il n'y a personne pour la débiter. Les commis sont occupés, malheureusement pour sa vertu. Alors la tentation la prend. Elle se dit qu'elle peut dérober l'objet qu'elle tient à la main, sans le payer. Elle regarde autour d'elle, glisse l'objet sous son manteau, et file rapidement comme si elle avait le feu à ses trousses. Celle-là, nous la laissons partir, même lorsque nous avons constaté son vol d'une manière absolue. Si elle est bourrelée de remords, elle ne recommencera pas. Si elle tombe dans le vol habituel après cette première chute, elle reviendra et nous la prendrons.

— Et la voleuse par occasion?

— C'est la femme qui a la préméditation de voler en entrant dans le magasin, à la condition qu'elle trouve une occasion favorable. Elle est déjà plus coupable que l'autre. Enfin, la voleuse par profession, cela se devine, est celle qui vient pour voler quand même, qui a des robes faites exprès pour le métier qu'elle exerce, et qui vole aussi bien le porte-monnaie de sa voisine que le coupon de soie de nos rayons.

— Mais comment expliquez-vous que des femmes
du monde, des femmes élégantes, bien mises, souvent bien élevées, puissent en arriver à ce degré...
l'égarement, d'abord, et ensuite à une dextérité
suffisante pour qu'on ne puisse les arrêter, souvent,
qu'à leur centième exploit?

— Je l'explique par l'instinct vicieux de la femme,
qui entre deux actions parallèles, la mauvaise et la
bonne, choisira presque toujours la mauvaise. En
volant le grand bazar, la femme ne fait pas une niche
à son prochain, elle assouvit un besoin de mal faire
qui est en elle. Vous voyez des femmes qui ont des
maris charmants, dévoués, fidèles. Elles les trompent
néanmoins, avec un cynisme parfait. C'est ainsi
qu'elles volent, le plus souvent pour mal faire.

— Mais encore?

— Entrons dans les détails pratiques, et je dirai
que la femme vole dans trois buts : pour revendre,
pour éviter une dépense, pour en dissimuler d'autres.
Mais ces trois prétextes ne sont pas des excuses. Ils
aggravent son cas, au contraire. Tous trois peuvent
au surplus être ramenés à la question d'argent, et la
question d'argent se résume pour la femme dans
quelques synonymes : coquetterie, désir de plaire,
de dominer, de séduire, d'étonner, désir de paraître
et d'éblouir.

8

— Avez-vous connu des femmes qui volaient pour habiller leurs enfants ?

— Très peu.

— Ce serait l'excuse de la misère.

— Certes. Mais il n'y en a pas dix pour cent dans tout ce que nous arrêtons qui soient poussées par le besoin familial. Celles qui sont dans ce cas sont d'ailleurs des femmes de condition inférieure. Elles volent bêtement et se font toujours prendre. Leur plus grande finesse consiste à relever leur tablier par un coin et à le rouler machinalement entre leurs doigts. Quand elles tiennent l'objet dérobé, elles le laissent glisser dans la poche ainsi improvisée, et il n'y a pas d'exemple qu'une d'entre elles ait échappé à l'agent qui la surveille. Le tout est de la remarquer, et naturellement, dans le bataillon serré qui nous pille chaque jour, nous passons à côté de voleuses qui restent impunies... pendant quelque temps, car une voleuse est toujours prise après une dizaine de coups « heureux ».

— C'est donc la femme bien mise qui est votre gibier le plus ordinaire ?

— Oui : la bourgeoise importante, la femme de fonctionnaire qui reçoit, la femme de bureaucrate qui mène trop grand train, la demi-mondaine encore mal entretenue, la maîtresse de gens haut placés qui a,

dans son luxe factice, conservé les instincts d'une
mauvaise éducation, l'institutrice et la promeneuse
étrangère, enfin tout ce qui brille ou veut briller à
Paris.

— Et dans ce bataillon de voleuses, vous avez
beaucoup de femmes mariées?

— Beaucoup, et toujours elles ont des maris fort
honorables.

— Quel est l'âge moyen de ces voleuses?

— Trente-cinq et quarante ans. C'est pourquoi
certains docteurs prétendent que leurs délits viennent
d'une passion, d'une monomanie, de ce qu'ils appellent le retour de l'âge.

— Croyez-vous à cette théorie médicale?

— Si peu, que ce n'est pas la peine d'en parler.

— Alors, selon vous, toutes les voleuses mondaines sont responsables?

— Toutes, sauf deux ou trois sur cent.

— Et la dignité de leur physionomie, l'élégance de
leur toilette, la distinction de leur maintien ne vous
arrêtent jamais dans vos suppositions à leur endroit?

— Jamais! J'ai arrêté des voleuses qui avaient
pour trente mille francs de bijoux sur elles.

— Vous devez cependant vous tromper quelquefois?

— Jamais.

— Il y a eu des exemples, pourtant...

— Oui, très rares, ici et là. Il y en a eu de fort regrettables. Des femmes du plus grand monde ont été arrêtées à tort, et les directeurs des grands bazars ont dû leur présenter des excuses.

Un jour, dans un grand bazar, la femme d'un ambassadeur est arrêtée par un inspecteur qui croyait pourtant ne pas s'être trompé. Grand tapage, protestations de l'ambassadrice, d'autant plus indignée que l'erreur était complète. On la fait comparaître devant les administrateurs, et, après vérification, on reconnaît péremptoirement que les dix paires de gants dont elle avait soi-disant opéré la soustraction sortaient du grand bazar d'en face, de la concurrence, où elle les avait payés. Scandale, attaques de nerfs, désolation générale. A neuf heures du soir, après quatre heures d'enquête irritante, l'ambassadrice est reconnue innocente du vol dont on l'acccuse. Elle fait alors ouvrir toutes grandes les portes cochères. Sa voiture à deux chevaux l'attend dans la rue et elle sort comme une reine outragée, en accablant de son mépris tout le personnel qui l'entoure, la tête inclinée vers le sol.

Le lendemain, le directeur du grand bazar allait, en grande toilette, faire amende honorable aux pieds de l'ambassadrice, qui n'était pas contente, et il y avait de quoi.

Ces faits-là, quand ils se présentent de loin en loin, sont vraiment bien déplorables. Mais pour ces erreurs fort rares, que de prises authentiques où la femme coupable joue le rôle de l'innocente avec un talent consommé... jusqu'à ce que la preuve du vol leur étant faite, elles s'agenouillent pour demander grâce avec des caresses, après avoir menacé, et souvent injurié !

— Comment les arrêtez-vous, le plus souvent ?

— Dès que la voleuse a fait son coup, le coup important pour lequel elle est venue, je m'attache à ses pas jusqu'à ce qu'elle sorte des magasins, avec discrétion, bien entendu. Je la laisse sortir, car si je l'arrêtais dans les magasins mêmes, elle jetterait à terre tout ce dont elle est nantie, crierait au scandale et ameuterait le public, en disant que ces marchandises sont à terre et non sur elle. C'est l'expérience qui nous a dicté, à mes confrères et à moi, le nouveau procédé. J'attends maintenant que la femme ait fait quarante pas environ hors des magasins. Si elle a une voiture, j'attends qu'elle pose sa petite bottine sur le marchepied de la voiture.

— Et alors ?

— Alors, je lui frappe sur l'épaule.

8.

— Geste familier.....

— Oui, mais nécessaire, et caractéristique. La femme ne s'y trompe pas, du reste. Aussitôt elle pâlit. — Monsieur, que me voulez-vous? — Veuillez me suivre. — Mais je ne suis pas une voleuse! — Si! — Mais non! — Mais si! Ne faites pas de scandale, vous aggraveriez votre situation. Suivez-moi chez le directeur.

— Tout cela, bien entendu, à voix basse?

— A demi-voix, pour éviter l'attroupement des badauds, qui veulent toujours savoir de quoi il s'agit, et qui nous gênent bien quelquefois. Ainsi, quand la femme crie, le badaud nous donne tort, naturellement. Quand elle a des enfants avec elle, nous avons encore bien plus tort. Il m'est arrivé plus d'une fois de rentrer dans le magasin avec deux mômes sur les bras, qui me tiraient la barbe et envoyaient des baisers à la foule, pendant que leur mère, la voleuse, suivait un de mes subordonnés en l'invectivant. La femme n'a aucune pudeur. Je vous dirai quand vous voudrez comment elle apprend à voler à ses enfants, après les avoir conduits, tout jeunes et inconscients, aux rayons qu'elle exploite de préférence.

— Alors?

— Alors, la femme rentre dans les magasins. Le

Conseil de surveillance est aussitôt prévenu par un timbre qui résonne de tous les côtés à la fois. Quand vous entendrez ce signal, vous pourrez dire qu'une voleuse va comparaître devant ses premiers juges, les principaux intéressés de la maison. Quelquefois, on y met moins de solennité, mais partout la comparution devant la direction du grand bazar précède le voyage au commissariat de police. La femme arrive, hautaine ou rampante, suivant sa nature. Tantôt elle a jeté dans le ruisseau les objets dérobés, et alors la preuve est accablante, car on lui demande pourquoi elle les jette. Tantôt elle les a sur elle, et vous connaissez déjà le cérémonial. Si elle avoue, on lui reprend des mains ce qu'elle tire de ses poches, de son manchon, de son ombrelle. Si elle nie, on la fouille, décemment, par l'intermédiaire d'une jeune personne de son sexe.

— Voilà donc les femmes convaincues de vol. A ce moment que disent-elles ?

— Toutes la même chose, qu'elles ont eu une mauvaise pensée, que la lecture de faits semblables dans les journaux les a poussées à l'imitation, qu'elles sont enceintes, ou qu'elles ont la monomanie du vol, ce qui est l'excuse médicale déjà mentionnée.

— S'en trouve-t-il dans le nombre qui soient réellement enceintes ?

— Oui, mais peu. Cependant, une femme enceinte de neuf mois a été arrêtée un jour après avoir volé pour 300 francs de marchandises. Conduite au commissariat de police, elle y a subitement accouché dans le bureau du magistrat.

— Et que répondent les directeurs du grand bazar?

— Ils envoient la voleuse au commissariat de police, toujours. Quelquefois, ils la taxent et lui font verser jusqu'à vingt mille francs pour les pauvres, selon sa position de fortune. Alors ils formulent une plainte immédiate au parquet, quitte à la retirer si la femme paye la taxe pour les pauvres. Dans les deux cas, la perquisition a lieu chez la voleuse et c'est généralement moi qui suis chargé de la faire, avec le commissaire de police du quartier, quand il y a plainte suivie de comparution en police correctionnelle; seul et à l'amiable quand il y a taxe bienveillante.

— Admettons la perquisition à l'amiable. Vous partez seul avec la femme pour son domicile. C'est vous qui l'avez arrêtée. Elle doit vous en vouloir, écumer de rage et vous tourner le dos avec mépris, si elle est violente, vous supplier de n'en rien dire à son mari, à ses enfants, si elle est rouée.

— Erreur complète! Son mari! Ses enfants!

Elle s'en inquiète bien! Il n'en est jamais plus question que s'ils n'existaient pas. Elle trouve toujours un prétexte pour me faire entrer chez elle sans éveiller les soupçons du mari, qui bien souvent n'est pas là du reste. Et quand je suis dans sa chambre, remplie presque toujours d'objets volés dans nos magasins, elle, la femme du monde, la femme mariée, la mère de famille, savez-vous ce qu'elle me propose?

— Dites.

— De tenir l'affaire bien secrète, de n'en parler à âme qui vive, de garder le silence sur la somme qu'elle versera le lendemain au bureau de bienfaisance, et pour prix de ma discrétion, elle me laisse le choix entre sa bourse et son lit. Bien souvent elle me fait comprendre que j'ai droit aux deux choses, et cela avec des câlineries de chatte, avec des minauderies de fille publique, avec des charmes quelquefois bien singuliers, je le reconnais, car les gaillardes sont presque toujours jolies. Mais elles demeurent impuissantes sur nous autres, les hommes de fer, qui les méprisons autant qu'elles nous craignent. Vous voyez qu'elles ne pensent guère à leur mari, à leurs enfants, ou à la croix de leur mère. Ce sont des catins, à quelque classe de la société qu'elles appartiennent.

— Et dans les classes de la société que nous énumérions tout à l'heure, quelle est celle qui vous *fournit* le plus de voleuses? Quelle est, dans notre société moderne, la femme qui vous vole le plus fréquemment ?

— L'institutrice... L'institutrice anglaise, française ou allemande, résidant à Neuilly, à Levallois-Perret, à Boulogne, à Courbevoie, aux environs de Paris, où il y a tant de pensionnats, vole constamment. Tantôt c'est pour revendre dans le pensionnat où elle donne des leçons, tantôt c'est pour son usage personnel. Depuis deux ans on dirait qu'il y a une épidémie sur les institutrices, et il ne se passe pas de semaine que je n'en fasse condamner quelqu'une par le tribunal correctionnel.

— Et quel est le pays de l'Europe qui vous *fournit* le plus ?

— La Belgique. Beaucoup de voleuses, les plus communes et les moins difficiles à prendre, sont Belges. Maintenant les Espagnoles viennent après. Mais celles-ci sont terribles parce qu'elles n'avouent jamais. On a la plus grande peine à conduire leur affaire, en présence de leurs démentis catégoriques, infatigables, innombrables, même devant l'évidence. J'en ai vu dont on retournait les robes pour en sortir tant d'objets volés que Robert Houdin lui-même en fût resté stupéfait, et qui n'avouaient à aucune minute de leur interrogatoire. On les condamnait à trois mois de prison et elles niaient encore. Aussi quand je vois une Espagnole voler une étoffe, je la suis avec tendresse, jusqu'à ce qu'elle en vole une seconde, puis une troisième. Je m'adjoins alors un aide, et c'est quand elle est chargée à couler bas comme un galion de Vigo, que je me décide à l'arrêter. Pendant qu'elle nie, on retire de sa robe des quintaux de marchandises, et nous ne pouvons nous empêcher de rire en écoutant ses imperturbables dénégations.

— Et les Anglaises?

— Les Anglaises volent bien. Elles sont moins féroces pour les poches de leur prochain que les pick-pockets mâles qui font la gloire de leur pays. Mais elles exécutent le vol des magasins dans la perfection.

— Les Allemandes ?

— Très habiles pour le vol à la tire. C'est sur le public surtout qu'elles exercent.

— Les Parisiennes?

— Oh! terribles pour le grand bazar. Il leur faut ce qu'il y a de plus joli, de plus mignon, de plus cher, de plus à la mode. Les Parisiennes volent dans la perfection, et il m'est arrivé de dire à l'une d'elles un jour, en lui parlant à l'oreille, que je lui passais le petit vol qu'elle venait d'exécuter sous mes yeux, en raison de l'habileté de main avec laquelle elle avait procédé. Elle a souri, rougi, et disparu sans demander son reste. Huit jours après, je l'arrêtais avec cinq cents francs de dentelles dans son corsage.

— Mais enfin, où la femme dissimule-t-elle tout ce qu'elle vole? Cela tient vraiment du prodige. Je n'entends parler que de marchandises dérobées, que de coupons de soie soustraits. Mais comment? Et où la femme les a-t-elle enfouis? Son petit corps serré dans le corset ne peut pourtant pas avoir la contenance d'une halle. Où la voleuse met-elle tout ce qu'elle vole pour sortir inaperçue du grand bazar, et comment s'y prend elle pour voler avec impunité?

— C'est bien simple. La voleuse par tentation n'a guère d'ustensiles spéciaux, ni d'accoutrements *ad hoc*, mais elle a un manchon, ou, à défaut d'un manchon, quelque vêtement sur le bras. Elle prend la paire de gants ou la pièce de ruban de la main droite et l'agite en demandant qui la débite, puis insensiblement elle baisse la main droite, l'ouvre et laisse tomber la chose dans sa main gauche, qui se glisse prestement dans le manchon, sous le vêtement. L'objet volé est à l'abri. La voleuse par occasion, elle, a la dextérité de Bosco ; elle fait disparaître les menus objets dans sa large manche ou dans le paletot-rotonde qui est le plus favorable à ce genre d'exercice, avec une adresse que le commis de nouveautés ne soupçonne même pas. Il vient de parler à la femme; il s'adresse à une autre, et déjà le vol est exécuté.

Quant aux voleuses de profession, elles ont des robes très amples, doublées de poches très profondes dans lesquelles on pourrait entasser des kilogrammes de marchandises. Leur cas n'est pas intéressant. Il est trop simple.

— Cependant, vous ne les découvrez pas toujours?

— Non, certes, à notre grand regret. Mais comme elles sont très fortes, comme leur expérience est consommée, et comme nous préférons laisser partir dix fois une voleuse que de nous tromper sur une honnête femme, le petit commerce des *tireuses* de profession et autres variétés peut très bien défier notre perspicacité pendant un certain nombre de mois. Je connais une femme élégante, qui est la maîtresse d'un fonctionnaire important, et qui se vante de voler pour 30,000 francs de marchandises par an aux grands bazars. Elle exagère, mais le fond de son dire est vrai. Nous la connaissons, mes collègues et moi, et chaque fois nous hésitons à la prendre, tant son habileté est parfaite. Elle couvre avec une rapidité vertigineuse la pièce de foulard qu'elle veut faire disparaître, d'une autre pièce de foulard dépliée, et en un clin d'œil elle a fait passer pour cinquante francs de surah dans son manteau de fourrures.

— Ce surah, c'est donc l'objet de toutes les convoitises?

— Oui, mais pas encore autant que le rayon des mantilles, que nous avons surnommé le Tombeau. Le rayon des mantilles, c'est, en effet, le tombeau de la vertu des femmes. Songez donc! La mantille coûte relativement cher, et elle est si mignonne, si vite chiffonnée, si facile à *étouffer!* La mantille, le surah et l'article de Paris, ce Protée des objets insignifiants, jolis, très cher et très recherchés, voilà les trois tombeaux de la vertu des femmes. C'est devant une de ces trois tentations capiteuses que la guenon du pays de Nod, comme dit M. Dumas, ouvre l'œil et la narine, flaire autour d'elle, hésite un instant et tombe...

— Le manteau de fourrures, n'est-il pas aussi l'objet d'un vol fréquent?

— Très fréquent. Avec le vol de l'article de Paris, le vol du manteau de fourrures est le plus joli *coup* de la Parisienne. Les jours d'expositions, au commencement de l'hiver, on vole dix manteaux par jour dans les grands bazars.

Une femme arrive, marchande plusieurs vêtements en loutre, en castor, en martre, en renard gris ou bleu, essaye chacun de ces manteaux devant la glace, se mire, se tourne, se retourne, en causant amicalement avec la demoiselle.

Tout d'un coup elle se plaint de ne pas retrouver dans ce choix considérable les qualités d'un manteau de forme originale qu'elle a vu dans la salle voisine, à quinze pas de là.

— N'est-ce que cela ? fait la demoiselle empressée. Je vais montrer à madame ce qu'elle désire.

Et elle s'envole dans la salle voisine pour y chercher le manteau désiré.

Mais en moins de temps qu'il ne lui en faut pour franchir le flot des visiteuses et atteindre la galerie, sa cliente a décampé brusquement, avec une audace inouïe, emportant sur son dos une pelisse de cinq ou six cents francs.

Qui oserait soupçonner cette dame, imposante dans sa démarche, de ne pas avoir payé cette pelisse ?

Il y a bien l'étiquette en carton, qu'on a pris l'habitude de coudre en dehors, et qui devrait trahir la voleuse, servir de pancarte indicatrice du délit ;

mais la femme, d'un coup sec, a pris l'étiquette entre ses deux doigts et a brisé le fil qui l'attachait. Le tour est joué.

Les révélations de ce chef de police des grands bazars ne manquent pas, on en conviendra, d'un réel intérêt.

Elles ne s'arrêtent pas là ; mais ce qui les complète a trait à la police intérieure, à la surveillance des poches des clientes, à l'espionnage des employés, toutes choses moins piquantes et plus banales dans leur triste réalité que l'étude philosophico-policière pratiquée sur la fille d'Ève en général et sur la voleuse bien mise en particulier.

Règles générales: on se méfie peu de la femme qui entre gantée et qui reste gantée dans le grand bazar. Les hommes volent très peu, si ce n'est à la tire, c'est à-dire dans les robes ou pardessus du public ; cependant on a signalé dernièrement le suicide du marquis de B..., gentilhomme de bonne famille, qui avait été arrêté treize fois en quelques années pour vol dans les grands bazars, et condamné de ce chef à un nombre effrayant de mois de prison.

J'ai été mis en présence de voleuses exécutant le vol le plus mignon du monde, celui de la paire de gants.

J'avoue qu'il a fallu que l'inspecteur me fît

remarquer le manège de la femme pour que je l'aie distinguée dans la cohue qui encombre le comptoir. Cependant aussitôt que l'œil s'est appesanti sur la voleuse, on suit tous ses mouvements avec une facilité extrême ; on la voit fureter, épier, écouter, dresser l'oreille, baisser la tête et finalement dérober la paire de gants.

On assiste en deux minutes à tout un roman, à la chute honteuse de la femme.

C'est désolant ou fort gai, suivant que l'observateur appartient à l'école d'Héraclite le morose, ou à celle du joyeux Démocrite, son contradicteur.

Un jour, après avoir constaté un joli vol de gants, bien exécuté, et suivi d'un joli vol d'article de Paris, je dis à l'inspecteur du grand bazar qui me guidait dans cette découverte en lui montrant la voleuse.

— Vous ne l'arrêtez donc pas ?

Il me répondit avec un sang-froid superbe :

— Pour si peu ! ce n'est pas la peine. Je n'arrête jamais ces malheureuses-là..... la première fois. Dans huit jours je vous écrirai que celle-ci s'est fait prendre.

Et en effet, huit jours après, je recevais de l'inspecteur un billet m'annonçant que la femme au grand œil bleu était prise.

C'est ainsi que j'avais désigné la pauvrette à cause

de deux grandes prunelles bleues qu'elle avait, larges et expressives, à la Nilsson.

— Vous avez raison de les regarder là, et de ne regarder que cela en elles, me dit encore l'inspecteur. C'est entre leur œil et le mien que la communication électrique se fait toujours. Visez l'œil de la femme ; vous ne vous tromperez jamais. Je connais toutes les flâneuses suspectes de nos magasins, anciennes ou nouvelles, récidivistes ou débutantes, sans parler des condamnées dont j'ai les agréables photographies dans mes dossiers. Eh bien, jamais je ne retiens la couleur des cheveux, la forme du nez ou la coloration des joues. C'est l'œil qui reste dans ma mémoire. J'ai ainsi deux ou trois mille paires d'yeux qui me regardent intérieurement. C'est vous dire que si je ne jouais un rôle approuvé par dame Justice, je serais beaucoup plus malheureux que le *Caïn* de Victor Hugo.

Moralité de ce chapitre : les grands bazars, par considération pour ceci ou pour cela, par suite de démarches de celle-ci ou de celui-là, se désistent de leur plainte contre la voleuse mondaine dans les proportions de soixante pour cent.

Les deux tiers des pauvrettes ne vont pas en police correctionnelle et se tirent du mauvais pas au moyen d'une amende fixée par le grand bazar suivant l'importance du vol, la condition sociale de la femme. Pourquoi deux poids et deux mesures? Pourquoi ne pas laisser défiler dans le Palais de Justice toute la légion des criminelles à la main de fée?

C'est que la correctionnelle de la Seine en voit déjà, chaque jour, trois ou quatre à son banc, ce qui est énorme, et que si cette mesure de clémence n'était adoptée par les tentateurs de la femme, un peu responsables de sa faute, il faudrait au Palais de Justice une chambre spéciale pour juger les voleuses des grands bazars.

LES HYSTÉRIQUES

Il convient cependant de dire à la décharge de la femme que lorsqu'elle vole dans les magasins de nouveautés, elle n'est pas toujours absolument responsable.

J'ai indiqué plus haut la proportion minime des irresponsables. Si minime qu'elle soit encore, elle existe et vaut qu'on l'étudie.

C'est l'hystérie, cette cruelle et mystérieuse maladie des femmes, qui entre alors en scène et fait tout le mal.

Il ne faut pas en conclure que toute femme qui vole au grand bazar soit hystérique, ni que toute femme hystérique vole nécessairement au grand

bazar. Mais dans le total effrayant des voleuses arrêtées par la police, la médecine légale a le droit de
réclamer la vingtième partie du troupeau.

Ce fut le docteur Legrand du Saulle, l'un des
maîtres de la médecine légale contemporaine, qui le
premier s'occupa du cas singulier des voleuses morbides, et dans des circonstances que le célèbre professeur a bien voulu me raconter récemment.

Le docteur Legrand du Saulle, en sa qualité de
médecin de la préfecture de police, visite depuis de
longues années tout ce qui entre au dépôt à la suite
d'arrestations bizarres causées par des faits également bizarres et sur lesquels le parquet demande à
la médecine légale une consultation de responsabilité.

Étrange et admirable poste ! La science y développe chaque jour le champ de ses observations.
D'un coup de plume l'homme qui l'occupe, biffe,
rature, corrige, annote les dossiers de toute une
population enfermée sous les verrous.

L'écume de Paris s'amoncelle là, comme celle d'un
étang sombre vient mousser sur un coin de la rive.
Le savant prend chaque jour dans un récipient l'é-
cume de chaque nuit ; il analyse, il transvase, il
élimine, il supprime ou il rejette à l'étang, selon que
l'examen lui offre des éléments sains ou infectieux.
Il est le grand juge de l'irresponsabilité des êtres qui

9.

agissent sous l'empire de tant de folies diverses dans ce Paris énorme où l'alcoolisme et l'hystérie se disputent la possession des deux sexes, avec un acharnement qui redouble chaque année.

C'est ainsi qu'au milieu des escrocs du *high life*, des aventurières interlopes, des entremetteuses de marque, des agents d'affaires véreux, des adultères bourgeoises, des prostituées de bas étage et des souteneurs du grand monde, le docteur Legrand du Saulle se vit, un jour de 1869, mis en présence de la fille d'un magistrat, président de chambre à ***, âgée d'une quarantaine d'années, célibataire, qui avait été arrêtée la veille pour vol aux magasins du Bon-Marché.

La délinquante était bien mise ; elle avait grand air, sa contenance n'était ni hautaine ni craintive.

L'histoire de son vol était des plus singulières :

Elle avait passé l'après-midi précédente au grand bazar à choisir des étoffes qu'elle avait finalement achetées et payées comptant.

L'agent du grand bazar déclarait que la dépense de la prévenue était de quinze cents francs.

Il y avait même dans le lot de ses acquisitions deux ou trois pièces d'indienne, toile usuelle et autres étoffes qui étaient destinées à l'ouvroir de *** dont elle était patronnesse.

Après avoir soldé son compte et reçu les salutations des caissiers, Mlle X... allait sortir du magasin ; mais presque au seuil de la porte elle s'était arrêtée brusquement devant un petit étalage de bibelots à trois ou quatre francs la pièce.

Et subitement, en regardant bien autour de l'étaage, elle en avait glissé deux dans sa poche.

On l'avait arrêtée. Aussitôt elle avait avoué le vol et restitué le corps du délit.

Le docteur Legrand du Saulle fut frappé de l'incohérence de ce vol.

Le fait de dérober pour huit francs d'objets inutiles après avoir payé une facture de quinze cents francs lui parut absurde. Il refusa de se prononcer immédiatement sur la responsabilité de la prévenue, et remit son jugement à quarante-huit heures.

Le lendemain matin, M. X..., président de chambre à ***, père de la délinquante, entrait dans le cabinet du docteur. Il avait reçu une dépêche du préfet de police et il était accouru. La déclaration qu'il fit au médecin-légiste était attristante. Sa fille, en proie à une manie qu'il ne pouvait expliquer, avait été surprise trois fois, volant de menus objets dans les boutiques de ***.

Le docteur, fixé sur cette monomanie du vol,

signa l'ordre d'élargissement séance tenante, en con-
cluant à l'irresponsabilité de Mlle X...

Ce cas nouveau, le premier qui eût été observé depuis l'apparition, toute récente alors, des grands bazars, frappa le docteur avec plus de force lorsque
quinze jours plus tard on le mit en présence d'une
maniaque aussi parfaitement illogique.

Celle-là était la femme d'un fonctionnaire : elle
avait volé une pièce de toile entière qu'elle pouvait à
peine porter tant elle était lourde, et dont les extrémités dépassaient de 50 centimètres le manteau sous
lequel elle croyait la dissimuler.

Après la guerre, les grands bazars grandissant,
faisant la tache d'huile, l'observation fut faite par la
médecine légale vingt fois pour une, au Louvre, au
Bon-Marché, au Tapis Rouge, au Printemps, à la
Capitale, à la Paix, partout.

Tout le monde voulut s'en mêler et on imagina le
mot de *cleptomanie*, ou manie du vol, pour désigner
l'état de ces voleuses maladives.

Il faut se défier de ce mot qui ne dit pas exactement ce qu'on croit lui faire dire.

La cleptomanie paraît être une maladie purement
imaginaire, puisqu'on n'en a que deux ou trois
exemples, et encore les auteurs de la première moitié
du siècle ne paraissent-ils pas très sûrs de leur

fait. D'après eux, le cleptomane serait un individu que son état physique pousse journellement, continuellement et sans intermittence au vol pur et simple, où qu'il soit et quelle que soit la surveillance qu'on exerce sur lui.

Tel n'est certes pas le cas des voleuses morbides de nos grands bazars, qui volent aujourd'hui sous une influence déterminée et qui, sous une autre influence, ne voleront pas demain.

Il faut les appeler de leur nom moderne : des hystériques.

Au surplus, je ne saurais mieux faire pour initier le lecteur à ce nouveau mystère des grands bazars, que d'analyser le remarquable travail du docteur Legrand du Saulle sur le *Vol dans les grands magasins*.

Ce travail a été lu naguère par l'éminent professeur à la Société de médecine légale. Il n'a pas été imprimé, mais sans nul doute, le public le retrouvera prochainement dans le grand ouvrage que prépare le docteur sur la question palpitante du jour, sur l'Hystérie et les Hystériques.

« Parmi les faits délictueux dont peuvent se rendre coupables les malades qui appartiennent à la seconde catégorie que nous étudions, disait l'orateur, il en est d'un ordre un peu spécial, sur lesquels mon attention a été tout particulièrement attirée. Je fais allusion à ces vols d'un caractère très particulier qu'on a dans ces derniers temps désignés, un peu improprement selon moi, sous le nom de vols aux étalages. Il s'agit d'une des formes les plus curieuses de la criminalité parisienne, sur laquelle on me permettra d'insister quelque peu, vu l'intérêt et aussi la nouveauté du sujet.

« De 1868 à 1881, j'ai interrogé, au Dépôt de la préfecture de police, 104 femmes accusées de vol (1). Le plus grand nombre de ces voleuses, on va le voir, étaient des hystériques et appartenaient à la catégorie dont je m'occupe.

» Au surplus, voici le détail de ma statistique :

» Sur 104 voleuses pathologiques ou demi-pathologiques, j'ai trouvé :

Vols pathologiques.

Très faibles d'esprit	4
Hystériques aliénées	9
Démentes hémiplégiques	2
Démentes avec paralysie générale	5
Démentes séniles	5
Total	25

(1) Ainsi qu'on l'a vu plus haut, toutes les voleuses arrêtées ne vont pas au Dépôt, et la grande majorité de celles qui vont au Dépôt ne sont pas soumises à l'examen médical. C'est donc sur les *douteuses* exclusivement que les médecins-légistes ont à donner leur avis. Le docteur Legrand du Saulle a interrogé 104 voleuses maladives. De 1868 à 1881 on a peut-être arrêté 10,000 voleuses ordinaires.

Vols *demi-pathologiques.*

Hystériques de 15 à 42 ans au moment de la période menstruelle........................	35
Hystériques se trouvant dans les mêmes conditions d'âge, mais en dehors de la période menstruelle.	6
Filles ou femmes héréditairement prédisposées à l'aliénation mentale (avec plus ou moins de manifestations hystériformes).................	24
Femmes à l'âge critique ou débilitées gravement, à la suite de pertes utérines.................	10
Femmes enceintes..........................	5
Total.......	80

Ce que le docteur faisait surtout ressortir de ces chiffres, c'est que sur 24 cas de vols pathologiques, 9 femmes commencent à avoir des comptes à rendre à l'administration et à la justice.

Toutefois, il importe d'établir des distinctions : toutes les voleuses, d'une part, ne sont pas des malades, et, d'autre part, les voleuses morbides sont loin de présenter un état mental identique et toujours le même, et un égal degré de compromission de la volonté et de la liberté morale.

En thèse générale, les vols dans les grands magasins, constituent des actes délictueux, demi-pathologiques ou pathologiques.

Vols délictueux. Des aventurières de profession, ayant souvent les plus déplorables antécédents, vivant habituellement en concubinage avec des escrocs, sont fréquemment surprises en flagrant délit de vols. Elles ont d'ordinaire des complices qui se chargent de faire disparaître les objets volés ; ou bien lorsqu'elles *travaillent* seules, elles sont vêtues d'une grande robe à double jupe, avec une fente diagonale, dans laquelle elles enfouissent des pièces de soie, de velours, des dentelles, de la lingerie et toutes sortes d'objets. Ces voleuses, cela va sans dire, sont responsables et tombent sous l'application de la loi.

C'est le cas des innombrables variétés de voleuses que nous avons vues au chapitre précédent, et dont l'éminent professeur n'a point à étudier toutes les roueries coupables. Le médecin-légiste se cantonne dans la médecine légale et n'a pas le temps de philosopher. Quel dommage !

Vols pathologiques. Il s'agit là d'imbéciles, d'anciennes hémiplégiques, d'hystériques aliénées, de vertigineuses épileptiques avec impulsions, de malades atteints de paralysie générale, ou de déments séniles.

Les vols commis sont en général absurdes. Les objets ne sont pas dissimulés, souvent le délinquant les tient ostensiblement à la main.

Vols demi-pathologiques. Entre les vols purement délictueux et les vols pathologiques, le docteur Legrand du Saulle en place d'autres qui doivent plus spécialement intéresser et qui ont directement trait au sujet de son étude sur l'hystérie. Ce sont les vols qu'il appelle demi-pathologiques.

« Les voleuses appartiennent ici à plusieurs catégories différentes, dit le docteur :

» Tantôt il s'agit de filles ou de femmes bien élevées, appartenant à un milieu honnête, n'ayant jamais été compromises judiciairement, vivant dans l'aisance ou ayant de la fortune. Leurs vols jurent avec tous les précédents. Les voleuses n'avaient nul besoin des objets volés ou ne pouvaient pas s'en servir. Lorsqu'on examine attentivement l'état intellectuel de ces malades, on constate qu'on a affaire à des personnes qui présentent une certaine faiblesse d'esprit, parfois de l'hérédité morbide, et chez lesquelles des pertes utérines ont déterminé un certain degré d'affaiblissement général.

» Il n'est pas rare, dans ce cas, que la mère profite du peu d'élévation intellectuelle de sa fille, de la faiblesse de sa volonté, pour la dresser au vol et profiter du produit de rapines irréfléchies.

» La mère joue alors le rôle de recéleuse, et elle est, en fait, la véritable coupable.

» Si l'on examine attentivement l'état mental des

voleuses, on constate, comme le docteur en a fait depuis longtemps la remarque, que les malades, interrogées sur le délit dont elles sont accusées, donnent à peine des explications et ne cherchent pas à se justifier.

» Lorsqu'on les questionne, ajoute-t-il, elles répondent : *je ne sais pas pourquoi ; c'est incompréhensible ; je ne manque de rien ; je n'avais pas besoin de tel objet ; j'avais de l'argent pour payer.*

» Elles ne sont point révoltées de se trouver en prison, et ne protestent que mollement ; quelques-unes pleurent, mais ne songent aucunement au déshonneur qui va peser sur elles, ou à la douleur des amis ou des parents qui s'intéressent à leur conduite.

» D'autres fois, les voleuses sont des femmes enceintes qui se laissent aller à dérober des objets inutiles et toujours les mêmes, qu'elles dissimulent avec un grand soin.

» Enfin, fréquemment, on a affaire à des *hystériques* ; c'est là le point qui doit surtout nous occuper.

» Ce sont des jeunes filles ou des jeunes femmes, avec ou sans attaques convulsives, mobiles, fantasques, coquettes, étranges, assez mal pondérées intellectuellement, exerçant le plus souvent les professions de lingères, de modistes, de demoiselles de magasin, d'institutrices, engagées fréquemment dans les liens illégitimes ou cherchant à se marier.

» Elles volent de la lingerie, des gants, de la parfumerie, des rubans, des fleurs artificielles, des porte-monnaie et des bibelots.

» En général, celles-ci ne dérobent que les objets pouvant leur servir, répondant à leurs instincts de coquetterie.

» La plupart du temps, fait bien digne de remarque, les vols sont commis la veille ou le jour de l'apparition des règles, sous l'influence manifeste d'un état mental spécial, de dispositions intellectuelles un peu exceptionnelles. »

A l'époque du Congrès de 1878, le docteur Legrand du Saulle s'était fait inscrire pour une communication sur les *Vols dans les grands magasins*, et sur *l'État mental des voleuses*.

Le titre choisi définissait nettement le sujet qu'il se proposait de traiter et se rapportait à merveille aux deux points particuliers qu'il étudiait depuis 1869 et qu'il tenait à mettre en lumière.

Le jour du congrès arriva et, à l'appel de son nom, il fit défaut.

Il venait d'apprendre que M. le professeur Lassègue se préoccupait, également depuis longtemps, du sujet dont il avait l'intention de parler, et il lui

vint à la pensée de laisser, par un sentiment de défé-
rence, à son éminent confrère, le soin et l'honneur
d'entrer le premier en lice.

Le jour où la Société de médecine légale porta à
l'ordre du jour de ses travaux la question qui était
restée vierge au Congrès, le Dr Lassègue vint
exposer le résultat de ses observations, et le Dr Legrand du Saulle prit la parole immédiatement après
lui, dans la même séance.

Les deux savants sont d'accord, chose rare, sauf
sur un point : M. Lassègue dit *vols aux étalages*,
M. Legrand du Saulle dit *vols dans les grands
magasins*.

« Ce n'est pas par désir de créer une terminologie
nouvelle qui paraît différer peu par sa signification
de celle adoptée par mon distingué confrère que je
me sers de cette dernière expression, dit M. Legrand
du Saulle, dans le travail déjà cité.

» Les vols aux étalages ont existé de tout temps.
Commis soit par des malfaiteurs, des indigents
poussés par la faim, ou des enfants pervers, soit
par des faibles d'esprit, des paralysés généraux ou
des déments séniles, ils ont éveillé, à toutes les
époques, l'attention et la sollicitude des moralistes,
des médecins et des criminalistes. Ils appartiennent
à un ordre de faits très connus et je ne les met

nullement en cause ici. L'actualité, l'intérêt scientifique et les données médico-légales sont ailleurs.

» Les vols dans les grands magasins, exécutés
par certaines catégories de femmes, sous l'influence
ou avec la coïncidence fréquente de conditions phy-
siologiques et pathologiques déterminées, constituent au contraire des faits parisiens absolument
contemporains, puisqu'ils ne remontent qu'à la date
récente de la fondation et de l'ouverture des grands
magasins eux-mêmes.

» Ces immenses galeries, aussi librement accessi-
bles aux acheteurs sérieux qu'aux oisifs en quête de
distractions ou d'aventures, contiennent et étalent
aux regards à l'envi les plus riches étoffes, les plus
luxueux objets ou les plus séduisantes superfluités.

» Des femmes instinctivement attirées dans ces
élégants milieux, fascinées par tant d'imprudentes
provocations, éblouies par la profusion des dentelles
et des bibelots, surprises par une incitation soudaine, non préméditée, presque brutale, posent une
main inhabile sur l'un des articles exposés, et bif-
fent d'un trait irréfléchi le passé le plus recomman-
dable.

» Il est un point qu'il ne faut pas perdre de vue
dans l'appréciation de l'état mental des malades qui se
livrent au vol, dans les grands magasins, c'est que

s'il y a là, de par le fait du luxe, de l'étalage, du faste qui brille aux yeux du visiteur, une incitation puissante, il y a surtout chez nos voleuses pathologiques, hystériques ou non, une résistance insuffisante à un entraînement délictueux. Dès lors le médecin doit même tenir compte, dans le jugement qu'il est appelé à formuler, de la vivacité de l'impulsion autant que du degré de débilité intellectuelle des coupables.

» C'est moins le côté *actif* de l'intelligence qu'il s'agit d'apprécier, que le côté *passif* qu'il est nécessaire de scruter, de mesurer en quelque sorte.

» Chez la voleuse de profession, il y a l'excitation préalable et la satisfaction du succès. Chez la voleuse pathologique, on constate au contraire un contentement très médiore du fait accompli, parce que l'intelligence est troublée ou débile. Et le vol lui-même n'est qu'un épisode au milieu des manifestations psychologiques plus ou moins complexes que présente la voleuse.

» C'est l'étude attentive de ces manifestations, des symptômes comatiques qui les accompagnent et achèvent de caractériser l'hystérie, qui doit surtout guider le médecin dans l'appréciation médico-légale qu'il est appelé à porter.

» Plus d'une fois il aura à éviter des écueils, à se

tenir en garde contre la supercherie et la simulation ;
car il n'est pas exceptionnel de voir des hystériques
légères qui se sont laissées aller au crime en toute
connaissance de cause, simuler un état grave et se
servir judiciairement de la névrose, dont elles ne
présentent que des manifestions atténuées, comme
d'un prétexte et d'une excuse. »

Certes, le célèbre aliéniste a raison.

Que de fois la femme prise en flagrant délit s'est-
elle servie de l'hystérie, dont elle avait vaguement
entendu parler, pour essayer d'esquiver la police
correctionnelle ou l'inflexible taxe des grands bazars !

Un détail assez curieux à retenir : la femme enceinte ne vole guère par *envie*. La statistique ci-
dessus nous donne cinq femmes enceintes sur
quatre-vingts, c'est un petit nombre. Mais si une
femme enceinte se laisse aller au vol pendant sa
première grossesse, il est présumable qu'elle recommencera lors de la seconde, et de la troisième, et de
la quatrième.

Voleuses par occasion, voleuses par tentation,
voleuses de profession, voleuses morbides, tout cela
croît et se multiplie dans les grands bazars. A mesure
que ceux-ci s'étendent, celles-là sortent de terre plus
nombreuses, plus dévergondées, plus habiles, plus
bizarres que jamais.

C'est la logique irrésistible des choses.

De même que chaque état nouveau de la société comporte une criminalité nouvelle, de même à l'extension des grands bazars correspond, chez la femme contemporaine, un développement extraordinaire de la bosse du vol.

Il était réservé au dix-neuvième siècle de découvrir cette verrue disgracieuse sur la plus belle moitié du genre humain.

CARNET D'UN GREFFIER

Pendant deux années j'ai suivi autant que j'ai pu
les voleuses mondaines devant la police correctionnelle.

Un greffier complaisant devait me signaler de
temps en temps celles qui sortaient un peu du
commun.

Mais il me les signalait toutes, et j'ai connu
ainsi plus de 1,200 affaires de vols dans les grands
bazars, tous plus monotones les uns que les autres,
tous commis par des femmes élégantes, jolies, ner-
veuses, sentant bon, si charmantes souvent, que les
juges se prenaient de compassion pour les pauvres
petites et les acquittaient après une paternelle leçon.

J'en cite au hasard une trentaine pour appuyer

ce que je viens d'énoncer dans les chapitres précédents.

1880-1882

Madame A..., 28 ans, femme de fonctionnaire, a volé deux cravates, trois pièces de rubans à dix francs, un fichu de dentelle et dix paires de gants. Arrêtée en flagrant délit. Un mois de prison. A montré le poing à l'inspecteur en apprenant son arrêt.

Mme G..., femme du chef de musique de X..., a volé, avec la complicité de sa fille, une coupe de soie de 92 francs. Arrêtée en flagrant délit. Aveux complets. Quinze jours de prison.

La baronne russe K... de K... a volé des chaussures, de la soie, de la parfumerie, des tresses, de complicité avec sa mère et sa sœur. Arrêtée en flagrant délit. Acquittée.

Mme B..., de Genève, a volé, à l'aide d'un sac ajusté à sa taille et adhérant à la robe, plusieurs paires de bas, des gants, des coupons de soie, des toques de loutres, des coupes de cachemire, avec la complicité de sa bru qui faisait le guet. Arrêtées toutes deux en flagrant délit, elles sont condamnées, la belle-mère à treize mois, la bru à trois mois de prison.

Mlle Florentine H..., femme de confiance de

M. X..., voleuse de profession, arrêtée en flagrant délit, nantie de foulards, châles, crêpe de Chine, sachets, plumes, coupes de rubans d'une valeur de 456 francs. Condamnée à six mois de prison.

Mlle M..., fille de brasserie au quartier latin, a volé une mantille (le tombeau). Est condamnée à huit mois de prison comme récidiviste. (Elle avait eu déjà treize mois de prison pour vols antérieurs.)

Mme M... a volé deux coupes de soie, d'une valeur de cent francs chaque, avec la complicité de sa fille, danseuse à l'Opéra. La fille est mise en liberté. La mère est condamnée à six mois de prison. Voleuse habile au « tirage en dessous. »

La comtesse G... de la P..., a volé un porte-monnaie, un porte-cartes, une mantille, un fichu, des coupes de dentelles, le tout s'élevant à 300 francs. Arrêtée en flagrant délit. Condamnée par contumace à trois mois de prison.

Mme de Saint-J..., quarante-cinq ans, a volé, avec une prodigieuse agilité, trente-trois mètres de soie d'un coup et vingt mètres d'un autre, le tout dissimulé dans sa rotonde. Trois mois de prison. Agilité du poignet merveilleuse pour faire disparaître les objets les plus encombrants.

Mme B..., directrice du principal magasin de nouveautés de la petite ville de X..., a volé six mètres de satin, dix paires de gants, et les fait rembourser en *rendu* (double vol). Condamnée à trois mois de prison.

Mme veuve Léocadie B... a subtilisé un hanneton de 1 fr. 95 avec tant d'habileté, qu'on l'arrête pour perquisitionner à son domicile, où l'on retrouve pour 3,000 francs de marchandise volée. Condamnée comme récidiviste à deux ans de prison.

Mme S... C... G..., femme d'un officier supérieur anglais, a volé avec une poche pratiquée dans sa rotonde de loutre. Elle vole, paraît-il, avec autant d'habileté quand elle est gantée, que les voleurs de profession la main nue. A dérobé en un quart d'heure une fleur, trois porte-monnaie, deux coupes de dentelle, deux brosses, un sachet et quatre coupons de soie. Trois mois de prison.

Mme T..., directrice des postes à X..., dans un département de l'Ouest, a volé en une seule journée et trouvé le moyen de dissimuler sous ses vêtements l'incroyable liste d'objets que voici :

2^m 30 de soie..................	16 fr. 90
5^m 85 de soie................	16 fr. 75
1 tablier.....................	3 fr. 25
1 éponge.....................	12 fr. 50
1 boîte de poudre	2 fr. 25
1 flacon	5 fr. 75
1 réveille-matin	10 fr. 50
2 dessous de lampe	6 fr. 80

2 verres de Bohême.	1 fr.	30
4 paires de gants	7 fr.	80
1 broche en acier.	4 fr.	50
3 épingles en écaille.	1 fr.	50
Total . . .	89 fr.	80

Condamnée à huit jours de prison.

Mme D..., femme entretenue, a volé d'abord une visite de 80 francs, puis une rotonde de 400 francs qu'elle a endossée par-dessus, et a dérobé alors successivement un manchon, un coupon de soie, une mantille, un fichu de dentelle, un parapluie, deux foulards et trois plumes, en tout pour 650 francs d'objets divers. Condamnée à huit mois de prison.

Mme de Saint-B..., institutrice, a volé avec sa fille âgée de seize ans pour 170 francs de marchandises. Un mois de prison.

Mme C..., 34 ans, voleuse à la tire, fouille dans les poches du public, des demoiselles de magasin, a volé un porte-monnaie contenant 31 francs à Mlle S... Trois mois de prison.

Mme L..., 22 ans, rue du Théâtre, à Grenelle, voleuse de profession. Condamnée à un an de prison.

Mlle C..., 29 ans, institutrice, voleuse de profession, arrêtée avec une seule poupée de 6 fr. 50 qu'elle venait de dérober. La perquisition chez elle a fait retrouver pour 622 francs d'objets précédemment soustraits. Trois mois de prison.

10.

Mme M... institutrice, et sa fille Jeanne, âgée de 15 ans, a volé toutes sortes d'objets, chapeaux, volumes, jumelles, oiseaux, tours de cou, soieries. Un an de prison, la fille est acquittée.

Miss Mary-Christine D..., 33 ans, de Dublin, a volé pour 300 francs d'objets les plus divers. Six mois de prison.

Mlle Zénobie L..., âgée de quatorze ans, a volé une toque en loutre de 59 francs. Condamnée à la maison de correction jusqu'à 21 ans.

Mlles Pauline H... et Berthe L..., filles de brasserie, ont volé ensemble deux mantilles et de la dentelle. Elles dissimulaient les objets volés dans leurs pantalons et entre les jambes. (Cette opération prudente se fait dans les cabinets d'aisances.) Quand on a voulu leur faire avouer le vol, elles ne se doutaient pas qu'on allait les déshabiller, et elles ont nié le fait jusqu'à ce qu'on les eût mises entièrement nues. Huit jours de prison.

Mme C... vole ordinairement quand elle est en état d'ivresse. Condamnée à un mois de prison pour avoir volé dans cet état une toque de garçonnet en loutre.

Voilà les voleuses ordinaires, celles qui succombent à la tentation et qui passent devant les juges du tribunal correctionnel. Voyons trois de leurs procès au hasard. Prenons celui d'une irresponsable, pour ne pas accuser toujours la femme sans la plaindre un peu :

« Une provinciale, Mme G..., propriétaire à P... (Saône-et-Loire), est venue à Paris accompagner son mari malade et infirme. Les deux époux sont descendus chez un de leurs amis, rue des Bourdonnais. Un jour, Mme G... est allée dans les magasins du Louvre, et elle y a volé tout ce qui lui est tombé sous la main.

Mme G... a quarante et un ans. Devant les juges de la 11e Chambre, elle s'est présentée au banc des prévenus, libre, en marchant tout d'une pièce, le regard fixe, les mouvements de tête automatiques, l'œil sec. Elle a tout à fait l'allure d'une hallucinée.

M. le président. — Quelle est votre profession ?

La prévenue. — Je n'en ai pas, monsieur.

M. le président. — Le 16 octobre, vous êtes entrée dans les magasins du Louvre, et un inspecteur vous a vu prendre, sur un comptoir, une poignée de cravates et la mettre dans votre poche.

La prévenue. — C'est vrai, monsieur, j'ai fait cela, mais je puis vous assurer que je n'étais pas entrée dans le magasin avec l'intention de voler quelque chose ; c'est involontairement que je l'ai fait.

M. le président. — On a encore trouvé dans votre poche un coupon de soie?

La prévenue. — C'est un moment d'oubli.

M. le président. — On a fait une perquisition dans le logement que vous occupez chez des personnes de votre connaissance, qui vous logeaient pendant votre séjour à Paris; on a trouvé des foulards, des rubans, une pièce de galon, provenant des mêmes magasins.

La prévenue. — Oui, j'avais pris tout cela le même jour.

M. le président. — N'est-ce pas plutôt deux jours avant, comme vous l'aviez déclaré d'abord?

La prévenue. — Non, monsieur, c'est le même jour.

On entend l'inspecteur qui a arrêté la prévenue dans les magasins du Louvre.

M. le président. — Que vous a-t-elle dit, quand on l'a arrêtée?

L'inspecteur. — Oh! d'abord des choses tellement extraordinaires, des paroles qui n'avaient pas de sens, que je dois vous dire que je l'ai prise pour une folle; son visage était tout décomposé.

M. le président. — Mais cela n'aurait rien de trop étonnant; les voleurs surpris éprouvent aussi un trouble, qu'il ne faut pas confondre avec les accès d'aliénation mentale.

Le témoin. — Moi, ça m'a fait l'effet qu'elle n'avait pas sa tête.

M. le président. — Comment n'avez-vous pas fait part de cette impression à M. le commissaire de police?

Le témoin. — On ne l'a pas interrogée en ma présence. Elle m'a dit encore : Je n'ai pas besoin de tout cela; j'ai de l'argent, voyez; je suis riche.

M. le président. — Malheureusement, on arrête tous les jours des voleuses qui ont des centaines de francs à leur disposition. N'a-t-elle pas offert de payer les marchandises?

Le témoin. — Oui, monsieur. Le lendemain, elle est venue payer et demander un désistement.

Me Lachaud défenseur de la prévenue:

— Et ce désistement, les directeurs se sont empressés de le lui donner.

Me Lachaud, avocat de Mme G..., explique que sa cliente est une personne parfaitement honorable, mais dont l'état mental donne en ce moment les plus grandes inquiétudes.

« Mme G..., dit Me Lachaud, est riche, elle a une dizaine de mille livres de rentes, mais elle a eu le malheur de perdre ses quatre enfants et elle soigne, avec un admirable dévouement, son mari paralysé depuis quinze ans. Devant tous ces malheurs, tous ces chagrins, sa raison a sombré et son état phy-

sique suffirait pour expliquer son état mental constaté du reste par deux certificats des médecins qui
la soignent depuis longtemps.

En 1860, elle était poursuivie et condamnée pour
un vol commis dans les mêmes circonstances.

En 1868, j'avais encore à la défendre devant la
8ᵉ Chambre correctionnelle; mais, cette fois, des
médecins furent commis pour l'examiner, et le rapport de M. le docteur Bergeron conclut à une complète irresponsabilité. A cette époque, la prévenue était
enceinte; mais les nouveaux certificats que je vous
présente constatent que depuis cinq mois environ
une brusque suppression doit produire les mêmes
désordres qu'une grossesse, et il est bien malheureux
pour elle qu'elle soit venue à Paris. »

Mᵉ Lachaud donne lecture d'une analyse du rapport de M. Bergeron faite par le docteur lui-même :
« Affaiblissement intellectuel considérable, troubles
évidents dans les facultés affectives, pleurs sans mo-
tifs, diminution de la mémoire, état anémique, mé-
lancolie, hallucinations, crises convulsives, concep-
tions délirantes, irresponsabilité. »

Sur les réquisitions de M. l'avocat de la République,
le Tribunal a commis un docteur pour examiner
l'état mental de Mᵐᵉ G..., et a renvoyé l'affaire au
premier jour.

Mme G... est sortie comme elle était entrée, sans
un mouvement d'émotion, en regardant fixement à
dix pas devant elle.

Huit jours après, elle a été acquittée.

Deux voleuses trop responsables maintenant :

Une veille de Noël, il y avait dans les magasins
du Bon-Marché une cohue énorme. Il était six heures
du soir. Mme S..., femme d'un confiseur de la rue du
Bac, se présente au comptoir et signale aux employés
de la maison une dame d'une quarantaine d'années
qui, disait-elle, venait de la voler chez elle, et allait
en faire autant au Bon-Marché.

On surveilla la voleuse sans qu'elle s'en aperçût,
et elle fut surprise en flagrant délit. Immédiatement
arrêtée et conduite chez le commissaire, elle déclara
se nommer Marie-Caroline A..., comtesse du C..., et
habiter rue de Penthièvre.

On a pris des renseignements sur elle. Elle appartient à une bonne famille de L..., et est connue de
quelques personnes honorables qui se sont inté-
ressées à elle et ont obtenu sa mise en liberté provisoire. Assignée à comparaître devant la 9e chambre,
elle a fait défaut. M. l'avocat de la République a
donc dû se contenter de donner lecture des explications qu'elle a formulées devant le juge d'instruction.

« Je suis séparée de mon mari et n'ai, pour vivre,
» qu'une modeste pension. Cependant, j'ai conservé
» mes anciennes relations, et, à l'époque du jour de
» l'an, je suis obligée de faire quelques cadeaux. Il
» en coûtait beaucoup à mon amour-propre de ne
» pas me soumettre à ces exigences sociales : c'est
» ce sentiment qui m'a poussée à commettre ces mé-
» faits. »

Les deux témoins qui ont été entendus ont raconté d'une façon fort claire comment la comtesse du
C... s'y est prise pour voler.

Mme S..., confiseuse, rue du Bac, dépose :

— Le 24 décembre, vers cinq heures du soir, une
dame est entrée dans mon magasin, et on l'a conduite au premier étage pour y faire un choix d'objets
d'étrennes dont elle disait avoir besoin ; elle choisit
deux objets d'une valeur de 100 francs et laissa son
adresse, pour qu'on les y portât. Aussitôt après
son départ, les demoiselles s'aperçurent de la dis-
parition d'un petit flacon japonais du prix de
50 francs.

Cette dame m'ayant dit qu'elle allait au Petit-
Saint-Thomas, je me mis immédiatement à sa poursuite ; je la vis sortir des magasins de cette maison ;
elle se réfugia sous une porte cochère, et là je la vis
mettre mon flacon dans sa poche. Je continuai à la

suivre et je la vis entrer au magasin du Bon-Marché où
je la signalai et où elle fut arrêtée en flagrant
délit.

M. G..., commis au Bon-Marché, dépose :

— Prévenu par Mme S..., je surveillai la voleuse,
et, au rayon des cravates, je la vis mettre dans son
manchon un fichu en crêpe de Chine noir garni de
dentelles, d'une valeur de 26 fr. 50.

Je l'arrêtai au moment où elle franchissait le seuil
de la porte ; elle me proposa de me payer la valeur
du fichu ; mais deux gardiens de la paix que j'avais
appelés, l'arrêtèrent et la conduisirent chez le commissaire de police.

La comtesse de C.. a été condamnée par défaut à
six mois de prison.

A la même audience, deux jeunes femmes, deux
amies intimes, Mmes P... et D..., ont comparu sous
la prévention de vol, toujours au Bon-Marché. C'est
le désir de briller et l'amour de la toilette qui les a
portées à déshonorer ainsi leurs maris, deux braves
garçons dont l'un est employé dans les bureaux de la
Compagnie d'Orléans, et l'autre commis à la Cour
de cassation.

Celles-là sont venues à l'audience où elles ont tout
avoué.

L'inspecteur les avait vu voler, les avait suivies hors du magasin, et les avait fait arrêter au moment où elles étaient au coin d'une rue en train de se partager les objets soustraits.

On a fait une perquisition à leur domicile. Cette perquisition a amené chez l'une la découverte de onze coffres à bijoux, une boîte en glace pour poudre de riz, une boîte-nécessaire, une boucle de ceinture en nacre, deux éventails, cinq peignes imitation d'écaille, des ronds de serviettes, des flacons à odeur, trente et une cravates, des dessous de lampes, une lorgnette jumelle, des porte-monnaie.

Chez l'autre, on a saisi trente-quatre cravates de soie, cinq porte-monnaie, des flacons, ronds de serviettes, médaillons, boucles de ceinture, porte-aiguilles, éventails.

Grâce aux démarches de leurs maris, les deux femmes ont pu rester en liberté provisoire.

A l'audience, elles ont toutes deux déclaré « qu'elles n'avaient pu résister à la tentation de voler, » et que la plupart des objets trouvés chez elles avaient été pris au Bon-Marché, sauf deux ou trois volés au Louvre. Elles ont, du reste, montré le plus grand repentir de leur faute et pleuré comme des vignes, ce qui est assez rare.

Les deux maris, amis intimes comme leurs femmes,

ont adressé à M. le président de la 8ᵉ Chambre une lettre collective véritablement touchante :

« Ces détournements n'ont été effectués que par suite de la tentation à l'occasion de cadeaux de jour de l'an, et non avec l'instinct du vol ; tous les objets ont été retrouvés et restitués à leur propriétaire qui a bien voulu donner un désistement dans les termes les plus favorables, en ajoutant qu'il désirait qu'aucune poursuite n'ait lieu. Mais il n'en a point été ainsi, et nos deux malheureuses femmes comparaissent devant la 8ᵉ Chambre correctionnelle, demain mardi.

« Appartenant toutes deux à d'honnêtes familles, l'une à des anciens serviteurs de la maison de B... ; l'autre, mère d'une pauvre petite fille de neuf ans et faible de complexion, ayant des oncles et cousins qui sont notaire, médecin, receveur de l'Enregistrement, et de plus, sa pauvre mère, receveuse des Postes depuis trente ans, voyez, monsieur, si elles sont frappées dans leur honneur ; quelle honte pour nous et quelle tache pour l'enfant ! Quel désespoir des deux maris et des deux mères presque septuagénaires ! »

Mᵐᵉˢ P... et D... ont été condamnées chacune à six mois de prison.

Quelques notes brèves sur les vols organisés par les employés :

Trois commis d'un grand bazar, C..., R... et D...,
et une fille T..., maîtresse de C..., ont comparu devant la 9ᵉ Chambre, dans les circonstances curieuses
que voici :

C... et ses dignes amis avaient imaginé un système
d'escroquerie tout nouveau. On sait que, dans les
grands bazars, la maison reprend sans difficultés,
même après un assez long délai, les marchandises
vendues qui n'ont pas convenu et que l'acheteur
rapporte. Les choses se passent alors ainsi : la personne qui désire rendre un objet acheté se présente
au comptoir de vente, reçoit un bordereau sur
lequel le chef de rayon note la nature des marchandises rapportées et la somme à restituer, et, avec
ce bordereau, l'acheteur passe à la caisse, où il est
remboursé.

Or, C... et ses amis s'étaient procuré un certain
nombre de ces bordereaux. Ils les avaient remis à la
fille T..., après y avoir mentionné faussement une
restitution de marchandise et, sur le vu de ces bons,
que la fille T... apportait à la caisse comme si elle
était une simple acheteuse, le montant de la somme
inscrite lui était remis. Les quatre complices parta-
geaient ensuite.

Ce procédé original et, paraît-il, inédit, a réussi
quelque temps à ses inventeurs. Mais, un jour, la

fille T... a été surprise en flagrant délit, et c'est à la suite de cette mésaventure que toute la bande a été renvoyée devant la 9ᵉ Chambre.

Après avoir entendu M. le substitut et les avocats, le tribunal a condamné D... et C..., le premier à huit mois, le second à quinze mois de prison, R... et la fille T..., tous deux à un an.

Mais les voleuses les plus curieuses à citer seraient précisément celles qui ne vont pas à l'audience, parce que l'illustration de leur naissance, de leur blason, jusque-là sans tache, la multiplicité de leurs relations dans le monde parisien, la haute position de leurs maris ou de leurs amants les met à l'abri de la poursuite moyennant la taxe imaginée par le grand bazar.

Ce sont celles-là qui sont les plus nombreuses, puisque les désistements après taxe sont de soixante pour cent!

C'est le carnet des chefs de police des grands bazars, qu'il faudrait imprimer, et non celui d'un greffier!

Hélas! si un Diogène impitoyable trouvait le moyen de jeter dans Paris les deux ou trois mille noms des femmes qui ont volé et qui ont payé la taxe depuis trois années seulement, ce serait le pire des scandales. Le lecteur y reconnaîtrait plus d'une grande dame, plus d'une femme à la mode, plus d'une femme dont les excentricités ou l'honnêteté sont au-dessus du soupçon, en apparence...

Je me bornerai à citer quelques faits en voilant soigneusement les jolies figures des pécheresses. Leur nom nous importe peu, ici ; c'est leur cas qui mérite attention :

La baronne de G..., avenue de Friedland, vole une écharpe de dentelle de 125 francs, une mantille de 45 francs et un peigne en écaille de 57 francs. Taxée à 4,000 francs pour les pauvres.

Madame C..., femme richement entretenue, rue Pigalle, très jolie, 32 ans, vole pour 84 francs d'objets des plus disparates. Taxée à 5,000 francs pour les pauvres.

Madame de R..., fille naturelle d'un souverain du Nord, arrêtée pour avoir volé des sachets, des mantilles, des éponges, en tout pour 61 francs. Taxée à 10,000 francs pour les pauvres.

Enfin, Mesdames P..., femmes du grand demi-monde, les deux sœurs, très jolies, volent pour 231 francs d'objets, tous en double, pour l'usage de l'une et de l'autre et pour le partage. Arrêtées en flagrant délit. Aveux complets. Taxées à 20,000 francs pour les pauvres.

Trop heureuses, les belles impudentes, d'en être quittes à si bon compte et de sauver pour quelques milliers de francs l'honneur du nom.

Et pourtant l'histoire suivante date d'hier :

Une comtesse de X..., âgée de 36 ans, fort jolie, qui habite un grand château aux environs de Paris, vole pour 136 francs de marchandises dans un grand bazar. On l'arrête, elle avoue, et signe le redoutable papier que l'administration fait écrire d'un bout à l'autre par la voleuse :

Je reconnais avoir dérobé aux magasins du...

    1 *Mantille.* . . . . 32 fr.
    1 *Coupon de soie.* . . . . . 20 fr.
    1 *Paire de gants.* . . . . . 2 fr. 75

Et j'autorise les magasins du... à faire une perquisition à mon domicile.

        Paris, le...

           Signature et adresse.

Elle se lamente sur l'honneur du nom qui va être souillé, sur sa famille ternie, sur sa culpabilité dévoilée.

— Personne, madame, n'en saura rien, lui dit l'un des administrateurs du grand bazar. Le jour où vous m'apporterez un reçu de mille francs versés pour les pauvres de l'arrondissement, je vous remettrai ce papier et il ne restera plus de trace de votre affaire.

— Vraiment, monsieur! Ah! demain, cette somme sera chez le maire, et je détruirai ce terrible écrit dont le souvenir me tuerait!

Il y a de cela trois mois, et la bouillante comtesse, qui avait bien promis à M. L..., le chef de la police de ce grand bazar, de laver l'honneur du nom avant quarante-huit heures, n'a jamais reparu.

On ne l'a pas poursuivie à cause de l'honneur du nom de son mari. Il serait donc à peu près prouvé que le grand bazar a plus de souci de cet honneur qu'elle-même.

La femme est faite de coquetterie et de sensualité. Faut-il conclure de faits semblables qu'il entre aussi un peu de bassesse dans son charmant individu?

CONFIDENCES D'UNE VENDEUSE

Au cours des innombrables promenades que l'auteur a faites dans les grands bazars, une jeune vendeuse du rayon des Modes, avenante, alerte, douée de deux yeux perçants et aussi d'une langue infatigable, philosophe par dessus le marché, formula ainsi son appréciation sur le métier, sur ses déboires, sur les femmes, sur les hommes, sur tout ce qui la touche de près chaque jour pendant douze heures.

La jeune fille, avec une admirable précision, exposa un jour sa synthèse avec tant d'humour, que l'auteur ne saurait mieux faire que de la reproduire sous forme de récit :

RÉCIT DE LA DEMOISELLE AVENANTE.

Dès le matin, nous arrivons, nous ouvrons nos petites armoires, nous en sortons les chapeaux, nous apprêtons l'étalage et nous régularisons avec la première les commandes de la veille. Cela dure de neuf à onze heures.

Alors, on va déjeuner et potiner un peu, ce qui ne veut pas dire que la langue de ces demoiselles n'ait point trotté depuis le matin. On se raconte ses promenades de la soirée précédente, ses impressions. Et vers midi, rangées sur deux files doubles, qui comportent les vendeuses en première ligne et les vendeuses en seconde ligne, absolument comme dans les tirailleurs de l'armée, nous attendons l'ennemi de pied ferme. Je veux dire le gibier, la proie, la femme.

Il n'y a pas grande foule jusqu'à deux heures, mais, vers deux heures, les femmes du monde commencent à venir. A trois heures c'est le coup de feu ; il dure jusqu'à six heures. C'est là que nous en voyons de toutes les couleurs.

Rangées en bataille, nous attendons dans l'attitude du soldat aux aguets que la cliente passe entre nos deux haies. Nous l'appelons, nous l'invitons par de jolis sourires, nous lui énumérons une foule de choses musicales, nous lui proposons une série de modes nouvelles qui doivent forcément la tenter. Celles des fourrures proposent aussi musicalement des fourrures, celles des confections leurs confections, celles des corsets, leurs corsets, celles des manteaux, leurs manteaux. Souvent la femme est intimidée par notre bataillon serré; il y a de quoi.

Trente filles comme nous autour de deux ou trois clientes, c'est beaucoup. C'est pourtant ce qui arrive quand la foule n'est pas encore compacte dans les galeries du grand bazar.

Aussi les directeurs nous invitent-ils à modérer nos transports, ils nous interdisent même de relancer les dames, et si l'on prenait leurs règlements au pied de la lettre, on attendrait les bras croisés ou posés sur la couture de la jupe, avec des attitudes de statues de sel, que le public vous interrogeât pour ouvrir les lèvres avant votre tour. Les règlements valent ce que tout le monde sait; ceux-là, ne feraient ni les affaires des grands bazars ni les nôtres, aussi demeurent-ils lettres mortes la plupart du temps.

Quand ce sont de jolies femmes qui passent entre nos deux haies sans nous répondre, parce qu'elles n'ont pas affaire à nous ou qu'elles ont affaire ailleurs, une grande attaque de jalousie nous prend toutes de la tête aux pieds.

En un clin d'œil la jolie femme est inventoriée depuis la bottine jusqu'au chignon.

Elle n'est pas encore sortie du rayon que déjà nous avons énuméré, apprécié, coté tout ce qu'elle a sur elle, dénigré son oreille et contesté la forme de son nez. Tout cela est dit à demi-voix, ce qui fait que d'autres femmes en saisissent des bribes au passage et les prennent quelquefois pour elles, ce qui nous fait rire, nous autres.

Quand ce sont des hommes, ils sourient toujours. Je ne sais pas pourquoi.

Vous me dites que c'est la vue de la double haie féminine qui appelle ce sourire. Soit. Toujours est-il que nous détournons quelquefois la tête pour éviter des regards étranges, un *œil* écarquillé et significatif qui souvent nous fait pouffer de rire. Sans compter que plus d'une fois la femme grincheuse qui vient avec son mari, et qui le voit lorgner les demoiselles, ne se gêne pas pour lui dire :

— Est-ce que tu es venu ici pour regarder ces cocottes? Tu trouves qu'elles ont du chic? Il le faut bien, pour que leurs amants soient généreux. Cela ne leur coûte pas cher !

La demoiselle de magasin est, je le veux bien, sans

grande moralité ; mais elle en entend de fort dures, souvent de fort cruelles et de fort injustes, qui viennent presque toujours de femmes plus immorales qu'elle.

Dès que le courant mouvementé de l'après-midi s'établit, nos lignes de parade se brisent. Chacune de nous s'envole en sautillant dans un coin du rayon, entraînant à sa suite la cliente qu'elle a cueillie au passage. Et alors, commence le vrai travail de la journée, quelquefois un vrai supplice.

Il consiste souvent à essayer dix fois dix chapeaux à la même femme.

Or, pour quelques femmes sensées et soigneuses de leur figure dans les limites de la coquetterie raisonnable, que de types extravagants nous coiffons, sans que jamais le chapeau choisi les satisfasse. Et c'est à recommencer ! Et il faut chercher dans tous les cartons ! Et celui-ci est trop petit ! Et celui-là est trop grand ! Et celui-ci est trop vieux ! Et celui-là est trop sombre ! Et ceci, et cela.

Je ne viens pas dire que la femme doive acheter un chapeau sans y regarder longuement, loin de moi cette pensée.

L'essayage durât-il une heure, que nous le prolongeons volontiers avec la femme bien élevée, douce, sensée, posée, qui raisonne. C'est un plaisir.

Mais quand nous tombons sur la femme quinteuse, difficile, méprisante, parvenue, sans éducation, ah ! monsieur, le sang ne fait qu'un tour dans nos veines. Il faut une patience d'ange pour résister aux niaiseries, aux bêtises, aux sottises, aux avanies qui pleuvent sur nos pauvres têtes.

Dans notre argot, nous appelons la femme qui nous énerve un *calot*. Et dame il y en a, des calots !

Et pendant que dans notre seul comptoir soixante acheteuses et vendeuses marchandent, estiment, potinent, la *première* et la *seconde* du rayon vont et viennent sans cesse de l'une à l'autre, surveillant, conseillant, donnant aussi des ordres à douze ou quinze ouvrières modistes qui font les modifications demandées, séance tenante.

Quel métier, monsieur ! Vrai, ce n'est pas une carrière !

La classification des types féminins et masculins qui défilent dans tout rayon du grand bazar et en particulier dans notre rayon des modes, est aisée à faire :

En laissant de côté les mères de famille, les épouses fidèles, les maris charmants, les filles et les sœurs, la clientèle solide, en un mot, et qui n'entremêle pas ses visites au grand bazar de jongleries insupportables, il nous restera encore assez de physionomies à passer en revue.

D'abord la femme du monde qui vient essayer
1gt-sept chapeaux au début de la saison, pour
nnaître les créations nouvelles du grand bazar,
mparer avec celles que lui a fournies sa modiste
savoir quelle différence de prix il y a entre sa
odiste et nous.

Généralement ce calot devient une cliente sérieuse
us tard, parce qu'il faut bien reconnaître que
us le rapport du chic nous valons bien sa modiste,
que sous le rapport du prix, nous l'enfonçons net.
Ensuite la grue qui vient se faire payer un chapeau
r son ami. Deux types! La femme vient à nous,
omme regarde autour de lui si on admire l'objet
sa passion. Nous offrons des chapeaux, ils ne
nt jamais assez chers. Enfin, la femme va devant
s glaces, après avoir fait asseoir le monsieur à
cart, et en essayant le chapeau elle nous dit tout
s :

— Quelque chose de plus cher, de plus riche,
ademoiselle. Il payera ce qu'il faudra. Allez-y !
Nous voilà donc complices de cette grue, mais qui
en plaindrait?
Si c'est moi qui vend le chapeau, j'y trouve mon
mpte en augmentation de bénéfice à la fin de la
urnée. J'ai donc tout intérêt à le vendre.

Aussi, ne craignez rien; d'un clignement d'yeux

on indique à la femme qu'on a compris. On file tout
joyeuse vers la première, et on lui dit :

— Madame, donnez-moi donc deux ou trois cha
peaux très cher! J'ai là une superbe dinde.

Et la joie au cœur, on apporte les chapeaux de
mandés.

La femme choisit le plus cher. Le monsieur paye
Ils s'en vont heureux.

Cette variété de cliente est très fréquente. Je dirai
même qu'elle est notre providence, si je ne craignai
d'encanailler une idée respectable.

Par exemple, il arrive quelquefois que la gru
revient le lendemain et demande qu'on lui reprenn
le chapeau pour la moitié du prix. Cela ne devrai
pas se faire, monsieur, certes non ; les règlements s'
opposent, et quand les règlements s'y opposent...]
n'empêche que cela se fait souvent, et que là encor
tout le monde trouve son compte, y compris la femm
sans moralité.

Nous avons ensuite la femme mûre, plâtrée, en
core passable, qui est accompagnée d'un monsieu
poisseux, tout pommadé. Elle lui demande conseil, s
coiffe quinze fois devant lui pour savoir avec quell
mode il la trouvera plus belle, et finalement sort s
petite bourse, paye le caissier, et reprend le bras du
joli monsieur qui vit à ses crochets. Avec des atti

udes de reine, elle sort du rayon en balayant le tapis
t en nous regardant de haut en bas. Nous la lais-
ons faire, parce qu'en revanche nous regardons la
ête du monsieur, ce qui est bien plus drôle. Quels
alots!

Nous avons la femme qui vient choisir des chapeaux, qui les achète et se les fait apporter chez elle.
Comme par hasard elle est absente. Mais la maison
étant très bien habitée, le garçon laisse les chapeaux
sur l'invitation de la femme de chambre. Il revient
le lendemain, on les lui rend. Il y a erreur. La vérité,
vous la connaissez. On vous l'a dite aux rendus.
C'est que la femme a porté le chapeau la veille et
fait des effets de coquetterie dans une réunion quelconque, sans bourse délier.

Ce cas serait très fréquent si l'on n'y veillait avec
un soin extrême. Il est encore plus commun qu'on ne
le voudrait. La femme est si rouée, que chaque semaine notre première est prise à un piège nouveau.

Maintenant, notre joie, c'est de voir arriver une
jeune épousée au bras de son mari.

Là, c'est une affaire enlevée en cinq minutes. La
femme choisit avec une dextérité inouïe ce qui lui
convient. On dirait que la présence de son mari
l'empêche de devenir excentrique. Elle est adorablement coiffée, en deux temps, le plus souvent, et le

couple s'en va, après avoir acheté deux ou trois chapeaux en moins de temps qu'il n'eût fallu pour en essayer un à la petite femme, si elle eût été seule.

En général, les hommes sont nos préférés parce qu'ils achètent plus vite, sans phrases, sans tout ce déploiement de manies qui caractérise le sexe faible auquel je ne regrette pas d'appartenir, au surplus.

Les hommes ne payent pas plus cher pour cela, comme les femmes essayent de le leur faire accroire. La vue de leurs bonnes figures, un peu naïves quand on leur explique les qualités de la mode, nous fait plaisir, et nous nous abstenons toujours de les tromper.

Une étude que nous aimons à faire encore est celle des exigences plus ou moins folles des diverses nationalités.

Ainsi les Parisiennes sont souvent désagréables, aigres, difficiles en diable, ce qui résume tous leurs défauts. Cela tient à leur extrême coquetterie, sans doute. Les femmes qui viennent des départements sont beaucoup moins poseuses.

Les Américaines sont insupportables. Les Allemandes le sont moins. Les Anglaises sont assez affables. Nous nous entendons très bien avec elles. Mais la femme qui nous est chère entre toutes, c'est l'Espagnole.

L'Espagnole est charmante de tous points, aimable
ns accès et sans excès. Quand une Espagnole ap-
raît, on se l'arrache. Malheureusement, elles
achètent pas toujours.

Les Russes et les Italiennes nous plaisent
ssi.

Il ne faut pas prendre ces appréciations au pied
e la lettre. Mais elles sont à peu près contrôlées par
elles de mes collègues dans toutes les sections des
ivers grands bazars.

Un autre détail. Quand vous circulez dans les
rands bazars et que vous entendez la première ap-
eler plusieurs fois une demoiselle absente, vous en-
endez aussi ses camarades répondre :

— Mademoiselle, elle est à gauche.

Et après chacune de vos promenades au mi-
ieu de nous, vous avez dù vous dire que beau-
oup de demoiselles avaient l'étrange habitude d'être
à gauche, expression vague et qui demande une explication.

Cela veut tout simplement dire que la demoiselle
est aux... endroits discrets ou au réfectoire, deux
échappées d'un genre tout opposé, mais dans la con-
fidence desquelles il serait inconvenant de mettre
le public.

Donc quand une demoiselle a disparu pour l'une

des causes précitées, elle est *à gauche*, et tou
est dit.

Quand nous mettons en vente cent mill
chapeaux de tous les goûts et de toutes les couleurs
il faut que nous en trouvions les détails inédits soi
dans notre petite imagination, soit dans les compo
sitions des grandes modistes. Et pour cela, beaucou
d'entre nous vont au théâtre, aux messes de mariage
dans le monde. Je ne veux pas aller plus loin sur ce
terrain où je sens que je brûle, car vous me deman
deriez comment nous pouvons nous payer le théâtre
les messes de mariage, le monde, et tout ce qu'il
faut pour s'y rendre, avec nos dix-huit cents francs
d'appointements à la fin de l'année.

C'est un sujet délicat qui appartient tout à fait à
la vie privée, et sur lequel je n'essayerai pas du
reste de vous illusionner. D'autres ont dû vous dire
quel était en général notre genre de vie. Que voulez-
vous? il faut bien sortir de la misère. On fait ce qu'on
peut, et chacun suit la morale qui lui convient. Laissons ce chapitre scabreux; je vous vois sourire, et je
ne pourrais pas continuer...

La demoiselle avenante souriait aussi.

Elle baissait les yeux et jouait avec sa bottine sur
la moquette fleurie du grand bazar..

Je n'eus pas la cruauté de poursuivre, dans cette

e où elle s'arrêtait si court elle-même, et je
priai de passer à un ordre d'idées plus terre
erre, à la vie des demoiselles logées par le grand
zar.

La demoiselle avenante releva les yeux et continua
petite monographie avec une volubilité charmante.
Autre affaire que celle-là, dit-elle.

Bien que je n'en sois pas, car je demeure dans
e chambrette du quartier latin, que je ne quitterais
s pour tout l'or du monde, il m'est aisé de vous dire
e les jeunes filles qui sont logées par les grands
zars sont les moins heureuses de nous toutes. Je
is bien qu'elles ont un salon de conversation et
i piano pour se réunir le soir après les travaux du
agasin.

Mais cela ne suffit pas.

Et vraiment ces pauvres demoiselles, pension-
aires de l'administration, soumises à un règlement
u'on observe, celui-là, avec une ponctualité mili-
ire, ne voient pas la vie en rose.

Ce sont pour la plupart les abandonnées ou les
ieux *élevées* de la maison, et c'est souvent en rai-
on de leur éducation délicate qu'on les met sous
a tutelle du grand bazar. Mais cela ne fait pas le
onheur.

Parcourez ces chambres où elles sont logées, et

vous en trouverez une ou deux que la maladie forc
à rester couchées pendant le jour, seules dans leu
petite chambre, sans amie, sans garde-malad
autre que le portier-consigne, qui monte les voi
toutes les six heures, son trousseau de clefs à la main
comme le geôlier de la Roquette.

Quand la maladie s'aggrave, le médecin du gran(
bazar examine la petite et l'envoie à l'hôpital.

Or, que de fois ce départ de la malheureuse s'est-i
effectué sans que l'administration ait pu avertir âm(
qui vive, la malade étant isolée, sans parents, san{
amis, sans rien dans ce monde.

Elle est entrée au grand bazar pour vivre. Ses papiers étaient en règle, on l'a prise. Et comme elle a
eu peur de Paris, elle a demandé à loger dans les locaux de l'établissement. Et elle meurt à l'hôpital
toute seule, sans une consolation autre que celle
de la sœur de charité qui s'occupe d'elle.

L'administration fait ce qu'elle peut pour
nous protéger; l'administration est bien bonne,
mais son action s'arrête forcément devant le mur
de la vie privée. Tantôt c'est un bien, tantôt c'est
un mal.

Que vous dirai-je encore? que le grand bazar fait,
avant de nous admettre, une enquête sur notre
moralité, mais que bien souvent des faits im-

)rtants lui échappent, parce que s'il s'en rencontre
ans notre jeunesse, nous serions trop bêtes de ne
as les dissimuler?

Quoi encore?

Que le grand bazar fait exécuter notre photogra-
hie ainsi que celle des commis, et que chaque
ossier masculin ou féminin contient le portrait de
on titulaire?

Que nous autres demoiselles, petites vendeuses,
ous avons en appointements fixes de 800 à 1,000
ancs, et qu'avec la part d'intérêts sur la vente,
ase de notre incomparable institution, nous attei-
nons 2,000, juste de quoi ne pas mourir de faim?
)ue les commis nous font la cour, mais qu'ils
ious déplaisent souvent, et que nous leur préférons
n général les messieurs du dehors?

Que pas mal d'entre nous, toujours joliment
oiffées, musquées, frisées et moulées dans des robes
le satin fort chères, disent tout haut qu'elles ne sont
u grand bazar que pour leur parfumerie et leurs
gants, le reste leur étant assuré par le dieu d'amour?

Et puis? C'est tout.

Car notre existence se résume dans ce que je viens
de vous dire : le jour, travail au magasin, debout
sur deux petites jambes qui doivent être en fer pour
résister à la fatigue de la profession, et c'est l'infime

minorité qui peut y résister, vente, verbiage incessant, et satire du prochain.

Le soir, liberté complète, déchaînement des sens contenus, des nerfs excités, promenades au théâtre ou aux Champs-Élysées, avec l'un, avec l'autre, en amoureux, jusqu'à ce que vienne le monsieur providentiel qui nous tire de là pour nous mettre, les unes dans nos meubles, les autres sur la paille. Voilà.

Ainsi finit le récit de la demoiselle avenante.

LA JOURNÉE D'UN NABAB

Je me suis assis un jour, de neuf heures du matin
à six heures du soir, dans le cabinet du plus aimable
et du plus intelligent, à coup sûr, des directeurs de
nos grands bazars. Je voulais savoir ce qu'était la
journée d'un tel homme. C'est la journée d'un ministre, ou celle d'un nabab, comme on voudra.

Le cabinet du directeur d'un grand bazar est un
vaste salon à haut plafond, à fenêtres énormes,
situé au premier étage de l'immeuble. Tout l'ameu-
blement consiste en une table carrée, immense,
recouverte d'un immense tapis vert, et quelques
fauteuils en velours. Sur la cheminée monumentale,
un bronze sévère. Au bout de la table, le buvard

et le fauteuil du grand chef, qui s'asseoit dans celui-ci et devant celui-là, le matin vers neuf heures.

La première heure de sa journée est consacrée à la signature financière, acceptation des mandats, des traites et de tout le papier courant qui sert à payer les marchands, fabricants et autres fournisseurs ordinaires des magasins. Cette première série de signatures représente ordinairement de quatre cent mille à six cent mille francs. Ce n'est rien à côté de la signature des commandes.

Tout en parafant, le directeur du grand bazar reçoit une trentaine de personnes, par deux, par quatre, par cinq, sans affectation, mais aussi sans cérémonie, avec l'affabilité pressée d'un homme qui va la poste du matin au soir.

Ces premiers visiteurs sont là pour des causes secondaires. Ce sont des dames, des amis qui viennent recommander un employé de l'un ou de l'autre sexe, des inconnus qui apportent des échantillons, des projets, des idées parfois biscornues, parfois utilisables, souvent utopiques, des inventeurs dans le marasme qui sollicitent un secours, sous un prétexte aussi ingénieux que la plus ingénieuse de leurs inventions.

C'est bien là, d'ailleurs, l'image du cabinet du

ministre, avec la formalité des lettres d'audience en moins.

Toujours signant, notre nabab a répondu à tout le monde. Il a classé les demandes dans son esprit, et son comptable, qui lui donne les valeurs à accepter, une par une, a noté sur le papier les choses principales.

Dix heures sonnent. C'est l'heure du Conseil. Descente dans la salle du Conseil, où se rassemblent tous les jours, à la même minute, les principaux intéressés, les chefs de service importants, en tout vingt personnes environ, qui pour n'avoir pas de portefeuille en cuir de Russie sous le bras, n'en agitent pas moins les questions les plus graves.

Les plus minimes aussi passent devant ce Conseil. Tout ce qui s'est produit la veille, du haut en bas du grand bazar, est l'objet d'un examen attentif.

Le directeur prend la parole et soumet à la décision des assistants les plus petits faits, sur lesquels il est toujours statué de cette façon. Employés congédiés, inspecteurs remerciés, petits cadeaux refusés par négligence, bienfaisance courante, secours à donner, participation aux œuvres de charité de certaines clientes, crèches, ouvroirs, hôpitaux, question du gaz, question d'électricité, question des pommes de terre à l'huile et des nouveaux métiers à tisser la soie, tout s'entrechoque et se succède, sans ordre apparent, dans un défilé tout à fait ministériel.

Ce Conseil dure une heure.

Aussitôt après, le directeur parcourt les rayons une première fois, inspecte, sonde d'un coup d'œil les piles de marchandises, lorgne les étalages, sort au dehors pour voir les vitrines, interroge, se renseigne, demande pourquoi tel étalage est fait sans goût, pourquoi telle étoffe bleue est à côté de telle étoffe jaune, alors que pour marier les nuances elle devrait en être séparée par du gris ou du rose; pourquoi telle vieillerie ne s'en va pas, pourquoi tel coupon tournant au rossignol ne disparaît pas de la vente, pourquoi telle demoiselle est si peu complaisante, pourquoi elle pince les lèvres avec l'air dédaigneux d'une princesse, qui s'estime au-dessus du rôle qu'elle joue dans le rayon des costumes ou dans celui des peignoirs.

C'est l'œil du maître, en un mot. Le maître reparaîtra toute la journée à l'improviste, mais pour la première fois, entre onze heures et midi, il court de l'un à l'autre, plonge dans les coins et découvre le cerf caché dans la litière.

Une heure et demie pour déjeuner, et le nabab reprend possession de son fauteuil.

A partir de deux heures, il reçoit les fabricants

qui travaillent pour son compte, cause avec eux et
leur fait des commandes.

Ce ne sont pas gens de peu d'importance, que ces
fabricants, tant s'en faut. Ils représentent Mulhouse,
Reims, Amiens, Rouen, Lyon, Roubaix, Lille,
Tourcoing, toute la France industrieuse, qui a reçu
de par l'édification des grands bazars une impulsion nouvelle.

C'est affaire à l'économiste de démontrer si le petit
commerce rendait la fabrication première plus heureuse ou moins heureuse. Je constate seulement que
dans le cabinet du directeur, la fabrication se presse
en foule serrée.

Quatre ou cinq messieurs arrivés la veille par le
train rapide, s'en retournent dans leurs pays avec
trois ou quatre cent mille francs de commandes dans
leur poche. Ils ne disent pas de mal des grands bazars,
ceux-là, au contraire.

De temps en temps, entre trois et cinq heures, le
nabab cesse de distribuer la manne à l'industrie co-
tonnière, linière et généralement quelconque, pour
aller faire un tour dans ses galeries; car c'est l'heure
du coup de feu.

Ce tour de promenade ne ressemble plus à celui
du matin. Il ne s'agit plus d'interroger, de se renseigner, d'écouter les doléances ou d'adresser les re-

12.

proches; c'est le coup de feu, les magasins craquent sous la tourbe humaine; on est dans la fièvre des transactions. Depuis la petite vendeuse avenante, jusqu'à l'intéressé revêche qui surveille d'un œil froid son quartier général, tout le grand bazar, hommes et femmes, est dans le tourbillon des bénéfices petits ou gros, dans la fièvre du gain, dans le *struggle for life* personnel. Chacun pour soi, telle est la devise de ces heures de coup de feu.

Aussi le directeur se contente-t-il de jeter çà et là un ordre bref, un conseil, une recommandation.

Les fabricants arrivent toujours et l'attendent en bataillon serré. N'est-ce pas lui en effet qui donne le ton et la mode? Ne peut-il d'un trait de plume faire succomber une étoffe et en lancer une autre dans la circulation? N'est-il pas vraiment l'un des maîtres du commerce national, ce nabab? Et telle ou telle ville, qui se ruinait presque, où l'industrie locale ne marchait plus, ne lui doit-elle pas le nouvel essor de ses fabriques?

Il y a deux ou trois ans, l'un d'eux eut l'idée de faire revivre, dans la mode féminine, l'impression de Mulhouse. Il fit venir l'un des gros fabricants de la ville alsacienne et lui demanda des échantillons.

— C'est que..., dit le fabricant, notre industrie des impressions a été tuée il y a beaux jours. On ne

)orte plus depuis longues années ce que vous me de- .
mandez-là. Je vais dire à mon dessinateur de vous
'aire des croquis.

— Inutile, répond le nabab industrieux. J'ai dans
la mémoire une jolie bibliothèque d'échantillons qui
se trouve chez vous, à Mulhouse. Apportez-m'en
quelques volumes, et je vous montrerai ce que faisaient vos prédécesseurs, il y a cent ans.

Les volumes arrivent et en effet, on y retrouve des
merveilles de goût qui remontent à l'époque de Louis
XVI. On les choisit, on en commande pour quelques
millions au fabricant, et toutes les femmes de Paris
portent l'étoffe avec ravissement six mois plus tard.

Un autre exemple : les Parisiennes ont porté
pendant quelques mois, vers l'Exposition de 1878,
une manière de gilet dix-huitième siècle, pour la
confection duquel le nabab d'un grand bazar s'en
est allé directement à la Comédie-Française trouver
le directeur, qui l'a autorisé à faire choix dans son
musée. Et c'est dans la garde-robe un peu dé-
fraîchie de Monrose ou de Samson qu'on a trouvé
les modèles exacts des gilets ornés de dentelles.
Ils firent fureur.

A cinq heures, le nabab commence la signature du
courrier — non pas des lettres que le grand bazar
adresse à ses clientes, — nous avons vu plus haut que

deux cents personnes étaient chargées de cette correspondance, mais les lettres personnelles, les explications spéciales. Les instructions secrètes données à ses
correspondants et la signature des commissions ou
commandes aux fabricants occupent la fin de la
journée.

Ces commissions sont autant de traités en double,
que le directeur doit nécessairement signer. L'été,
ce sont celles de l'hiver qui suivra. L'hiver, ce
sont celles de l'été qui va venir. C'est ainsi que
j'ai vu mon nabab ordonnancer devant moi pour
quatre millions de commandes, en deux cents
signatures, chaque coup de plume valant dans les
trente mille francs.

Où est le petit commerce ?

Sa journée terminée, notre homme n'est pas encore
satisfait. On lui apporte un papier vers six heures,
qui contient le tableau de la recette de la veille, du
nombre des employés en service, du chiffre d'affaires
réalisé depuis le commencement du mois, le tout
comparé à l'aide d'un autre tableau, aux chiffres
correspondants du même jour de l'année précédente.

Ainsi, son dîner ne lui est jamais servi avant qu'il
n'ait décacheté l'enveloppe où dort le petit papier,
rapport bref, synthèse des rapports, et qu'il n'ait
murmuré :

— Aujourd'hui , cinq millions d'affaires depuis le premier du mois, sept cent mille francs de plus que l'année dernière à pareille date.

Et l'observateur qui assiste impassible, à l'écoulement de la journée d'un pareil homme, à ce déchaînement des traites et des valeurs à vue, des chèques et des mandats, à cette danse des commandes sur tous les points du globe, à cette sarabande des millions, s'en va tout abasourdi.

PHILANTHROPIE

La lecture du règlement d'intérieur des grands bazars vaut à elle seule un long poème.

Rien ne donne mieux l'impression de la modernité de l'institution que ces articles hachés menus, laissés à l'interprétation des commis, des demoiselles et du public. La tournure même des phrases peint la tendance de l'œuvre vers le puff à outrance, sous le prétexte d'une philanthropie qui, pour ne pas être toujours sincère, a cependant donné çà et là d'appréciables résultats.

Je copie au hasard dans le règlement d'un grand bazar :

« En créant une galerie d'exposition, notre principale pensée a été de donner aux artistes la facilité

le se mettre en rapport avec la nombreuse clientèle
le notre maison. Voici quelles sont les formalités à
emplir pour l'admission dans notre galerie d'un
ableau, d'un bronze, d'un marbre ou d'une terre
cuite (nous sommes forcés d'exclure toute œuvre
l'autre genre). L'artiste désireux d'exposer voudra
bien nous adresser une demande qui nous permettra
le faire examiner l'œuvre proposée et de nous rendre
compte de la surface qu'elle occupera.

» Il pourra nous la faire amener immédiatement s'il
y a place libre. Il en fera constater l'entrée en se
faisant délivrer un reçu qui devra nous être rendu
au moment de la sortie; une note fixée sur chaque
cadre indiquera le sujet exposé, le nom et l'adresse
de l'exposant et le prix demandé, si toutefois on
désire publier ce dernier renseignement. Dans le cas
contraire, il suffira de donner des instructions à
l'inspecteur de la galerie, qui recevra les offres et
propositions d'achat pour les transmettre à l'artiste
exposant.

» Les artistes habitant les départements, qui dési-
reraient exposer, devront envoyer, au préalable, leur
œuvre chez un correspondant à Paris, de manière à
nous permettre de la faire examiner.

» La durée de l'exposition est fixée pour chaque
objet à six semaines.

» La maison ne demande ni droit de garde ni rétribution d'aucune sorte. »

Attentions délicates pour la femme :

« L'employé qui débite à la caisse doit :

» 1° S'assurer que les achats de la cliente sont terminés ;

» 2° Faire vérifier les articles qu'il dépose sur la table aux paquets ;

» 3° Faire l'appel des notes très distinctement et suivre avec attention le contre-appel du caissier ;

» 4° Avertir la cliente que son paquet lui sera remis par le caissier auquel elle vient d'en payer le montant.

» L'employé qui accompagne une dame ne doit, sous aucun prétexte, la quitter avant de s'être assuré qu'un autre employé s'occupe d'elle.

» Les caissiers ont seuls qualité pour prendre note dès adresses, en vue de l'envoi des objets, et doivent seuls renseigner quant aux heures de livraison.

» L'avoir des articles rendus doit être fait immédiatement, sous le contrôle du chef ou du sous-chef de comptoir.

» Tout cas imprévu ou douteux doit être soumis au chef ou sous-chef de comptoir ou à l'inspecteur disponible.

» La plus grande complaisance et la convenance la

plus stricte sont rigoureusement prescrites en toute circonstance et toute négligence de tenue ou de langage serait aussitôt réprimée. »

Il y a dans ce dernier article comme un flair de la nature ardente du commis. C'est le règlement qui parle, il faut le croire, car on sait que rien n'est positif comme un règlement.

En ce qui concerne les employés, voyez la philanthropie s'épanouir.

Les heures des repas du personnel sont fixées ainsi qu'il suit :

Grande salle à manger : Déjeuners : première table, à 9 h. 1/2 du matin; deuxième table, à 10 h. 1/2; troisième table, à 11 h. 1/2. — Dîners : première table, à 5 heures du soir; deuxième table, à 6 heures; troisième table, à 7 heures.

Salle à manger des demoiselles: Mêmes heures que ci-dessus.

Salle à manger des ouvrières : Mêmes heures que ci-dessus.

Salle à manger des garçons et des cochers : Déjeuners à partir de 8 h. 1/2 du matin. — Dîners à partir de 4 heures du soir.

A 7 h. 3/4 du matin en été et à 8 heures en hiver, les employés ont la facilité de monter à la salle à manger pour se faire servir un potage.

13

Du café au lait ou du chocolat sont servis de même aux demoiselles dans leurs salles à manger particulières.

La nourriture doit être saine et abondante. — En conséquence, aucun supplément, sauf le café ou un extra de dessert, ne doit être payé.

Un salon de coiffure est ouvert de 8 h. du matin à 1 h. de l'après-midi dans les magasins, à la disposition des employés.

En été, des rafraîchissements sont servis dans deux locaux dont l'un est réservé aux demoiselles!

Maintenant, le règlement particulier des employés et demoiselles logées dans la maison ; il mérite d'être lu en entier:

« La porte de la maison d'habitation est fermée en semaine à 11 heures précises du soir. Le dimanche, elle demeure ouverte jusqu'à minuit et demi précis.

» Une permission des chefs de la Maison est nécessaire pour découcher ou pour rentrer après l'heure. Cette faveur ne pourra être que rarement accordée.

» Il est interdit de rentrer dans les chambres durant la journée, à moins d'une autorisation donnée par le chef de comptoir.

» On désire que le plus grand soin soit apporté à

la propreté et à la bonne tenue des chambres ; tout dégât sera mis au compte de l'occupant.

» Il est recommandé de n'y pas conserver de malles ni de boîtes encombrantes, un local spécial étant désigné pour recevoir ces objets.

» Défense est faite d'apposer des peintures ou des gravures sur les murs et les portes, ou d'y clouer quoi que ce soit.

» Une paire de chaussure est nettoyée gratuitement tous les matins pour chaque employé.

» Quiconque quittera l'établissement devra remettre au surveillant la clef de sa chambre et celle de son armoire.

» Il est expressément défendu de fumer dans les chambres ou corridors.

» On recommande de n'y pas allumer de papier. Des allumettes spéciales étant à la disposition de chacun, il est interdit d'en employer d'autres ou d'en laisser traîner.

» Défense est faite de faire du feu sans autorisation.

» Une salle de jeux et des billards sont à la disposition des employés. Un salon de réunion avec piano est ouvert aux demoiselles ; on est invité par conséquent à ne pas se réunir dans les chambres. Ne pas laisser traîner de chapeaux, de pardessus, de parapluies, etc., dans les salles de réunion. Fermer et couvrir le piano lorsqu'on a fini de s'en servir.

» Les employés logés dans la Maison pourront y prendre leurs repas du dimanche, à la condition de se faire inscrire la veille par l'économe. Le déjeuner sera servi à 10 heures précises et le dîner à 5 heures précises. On recommande de ne pas manquer une fois inscrit, et on avertit que rien ne sera plus servi 15 minutes après l'heure.

» Il est interdit de faire cuire quoi que ce soit dans les chambres ou salles de réunion... »

Si nous abordons la question de la Caisse de Prévoyance, qui me paraît être tout à fait de la philanthropie, nous y trouvons quelques dispositifs intéressants :

» Le droit à la Caisse de Prévoyance est acquis :

» 1º Aux employés *hommes*, comptant vingt années, et aux employées, *dames*, comptant quinze années d'emploi non interrompu dans la Maison ;

» 2º Aux employés, *hommes*, ayant atteint soixante ans, et aux employées, *dames*, ayant atteint cinquante ans d'âge. L'employé qui quitte la Maison soit volontairement, soit par suite de renvoi pour n'importe quelle cause, avant d'avoir atteint la limite d'âge ou le nombre d'années de présence prévu par l'article 8, est déchu de tous ses droits de participation. La dame ou demoiselle participante qui contracte mariage, quel que soit son temps de séjour, et même si elle quitte la Maison, a droit au payement des sommes figurant à son compte, et le montant lui en sera remis le jour de son mariage. »

Maintenant, le comble de la philanthropie :

Le même grand bazar, désireux d'encourager autant qu'il est en son pouvoir le goût de l'étude et voulant mettre à la disposition de ses employés tous les moyens d'utiliser leurs soirées d'une manière instructive et attrayante, a ouvert dans ses locaux, et pour l'usage de son personnel :

Un cours d'anglais, les lundis, mercredis et vendredis ;

Un cours d'allemand, les mêmes jours ;

Un cours de musique vocale avec orphéon, les mêmes jours pour les employés ; les autres jours pour les demoiselles.

Un cours de musique instrumentale avec orchestre d'harmonie, les mardis et samedis.

Et un cours d'escrime, les mercredis et samedis.

Bien mieux :

Des conférences scientifiques, historiques ou littéraires sont en outre faites à époques indéterminées par divers savants et professeurs.

Ces divers cours ou conférences ainsi que ceux

qui pourront être ouverts dans la suite, sont placés sous la libre direction des professeurs, chacun en ce qui le concerne.

Les professeurs ont la surveillance des classes, et toute autorité leur est dévolue à cet égard.

Les professeurs de langues ou de sciences pourront se charger de la fourniture des livres d'étude, dont le montant sera payé par les élèves.

Les professeurs d'escrime pourront de même se charger de la fourniture des équipements, lesquels sont également à la charge des élèves.

Les achats de musique seront couverts par une cotisation mensuelle.

Enfin le règlement des jeux, comme au Casino de Dieppe ou sur le rocher de Monte-Carlo :

La *Salle des jeux* est ouverte aux employés de la Maison :

1° *En semaine :* Tous les soirs après la fermeture ;

2° *Le Dimanche :* A partir de 10 heures du matin. Elle est fermée à 10 h. 3/4 du soir.

Un surveillant est chargé de la tenue de la salle : il réglera les jeux ; il est responsable du bon ordre.

Deux billards, des jeux d'échecs, de dames, de tric trac, de dominos, etc., etc., sont mis à la disposition des amateurs.

Les jeux de cartes ne sont pas admis.

Les demandes de jeux sont faites au surveillant, qui les notera en tant que besoin et qui veillera au maintien du tour de rôle. Il rayera d'office les oueurs qui seraient absents au moment de leur tour.

Pour les billards, il est prescrit aux amateurs de carambolage de ne pas tenir le billard au delà d'une heure entre mêmes joueurs si d'autres joueurs attendent.

Si, les deux billards étant occupés, le nombre des attendants était assez considérable — soit six au moins — pour qu'une proposition de poule puisse se produire, on tirerait au sort pour désigner celle des parties de carambolage qui devrait abandonner.

Tout dégât sera mis au compte de celui qui l'aura commis.

Avec l'anglais, les conférences, l'escrime, la Caisse de Prévoyance, le billard, et la nourriture saine et abondante, je me demande ce que l'employé du grand bazar peut encore souhaiter!

Philanthrope de génie, que celui qui a voulu mettre aux prises le calicot avec toutes ces choses, avec le plaisant et le sévère, *qui miscuit utile dulci!*

Faut-il croire que l'employé dont nous avons précédemment analysé l'existence, va se rendre à toutes ces invitations, et va se mettre à ces leçons d'allemand, d'échecs et d'harmonie!

Il y a des fanfares qui fonctionnent, c'est vrai.

Mais imagine-t-on un orphéon de demoiselles accueillant les clientes aux comptoirs par un chœur de Weber? Ah! qu'elles aiment donc mieux le chant de l'alouette!

L'homme ingénieux qui a imaginé cette philanthropie à outrance, cette tutelle absorbante du grand bazar, ne s'est-il pas trompé?

Ou il fut un bienfaiteur naïf de ses semblables, et alors il faut le louer en le plaignant.

Ou il fut, ce que j'inclinerais plus volontiers à croire, un lanceur habile, qui voulut tirer de ces prévenances, de ces bienfaits accablants, de ces gracieusetés, de ces délicatesses faites aux employés une réclame monstre opérant sur le public par choc en retour, ce qui est arrivé.

Et alors il faut avoir pour ce génie de la réclame à outrance l'admiration sans réserve que nous entretenons pour Christophe Colomb, Améric Vespuce, Thomas Edison et Mangin.

Un homme est mort récemment, qui a fondé de belles choses. Il s'appelait Le Play, et avait imaginé cette douce philanthropie, sur laquelle le grand bazar a plus d'une fois tablé pour réussir.

Un journal, rendant compte en 1882 d'une séance de la Société d'économie sociale, fondée sous l'inspition de Le Play, s'exprimait ainsi :

« La Société d'économie sociale a visité les magasins du Bon-Marché. Ce qu'est cet immense bazar, qui commençait il y a une trentaine d'années par un petit étalage au coin de la rue du Bac, et qui couvre aujourd'hui 7,276 mètres carrés, quel est le Parisien qui ne le sait pas ? Ce qui est moins connu, c'est son organisation intérieure. L'homme qui l'a fondé, était fortement imbu des idées de M. Le Play, et sa maison offre probablement le plus complet exemple de ce que peut produire le régime paternel appliqué avec libéralité. Le dessein qu'il poursuivait était de relever la condition morale de ce qu'on appelait autrefois le calicot, classe dont ce surnom méprisant dit assez qu'elle était mal cotée dans l'échelle sociale.

» Pour exercer sur eux une surveillance active, il commença par réunir ses employés sous sa main en les nourrissant tous et en les logeant pour la plupart. Aujourd'hui que le magasin occupe 2,600 employés, cette question du logement est devenue assez difficile à résoudre. On ne peut plus loger sous les combles du magasin même que les femmes employées, et on fait construire dans le voisinage de vastes locaux pour les hommes. Chaque chambre contient un lit,

13.

une armoire à glace, une chaise et une petite table ;
défense est faite de rien suspendre au mur, ni images
ni tableaux ; on n'y peut remonter pendant les heures
où le magasin est ouvert, et il faut y être rentré à
onze heures du soir. Pour rentrer plus tard, il faut
une permission qui est accordée rarement.

» Si tous les employés ne sont pas logés, tous sont
nourris ; ils sont partagés en trois escouades qui
viennent manger les unes après les autres. Les
chefs de service sont astreints à paraître dans
la salle commune comme les autres. On a fait
inscrire dans différents endroits du réfectoire la
phrase célèbre : « La nourriture doit être saine et
» abondante. » En vertu de cet axiome, chacun
mange à sa faim sans avoir de supplément à payer, si
ce n'est pour le dessert s'il en reprend et pour le
café. Une commission, désignée par les employés et
choisie parmi eux, est chargée de recevoir les réclamations qu'ils auraient à faire et de les transmettre
au conseil. La nourriture d'un employé revient à
près de 700 francs par an, ce qui est un chiffre assez
élevé. Le jour de la visite de la Société d'économie
sociale, on mangeait des asperges, d'où l'on conclut
qu'il y a plus de variété dans le menu qu'on ne
l'aurait supposé.

» Pour retenir autant que possible ses employés au

magasin, le fondateur y a créé des éléments d'occupation et de distraction : d'abord des cours de musique et d'escrime, qui sont très suivis, des cours d'anglais et d'allemand qui le sont moins, une Société instrumentale, qui donne plusieurs concerts chaque année, une salle de réunion pour les dames, où deux fois par semaine un professeur vient faire de la musique, une salle de jeu pour les hommes où l'on trouve des billards, des jeux de dames, d'échecs et de trictrac et où l'on sert gratuitement du café à l'eau.

» Enfin pour attacher les employés à sa maison, le fondateur, et après lui sa veuve, les y ont intéressés par les moyens suivants : les chefs de service et les chefs de rayon ont un tant pour cent sur le chiffre de la vente, c'est ce qu'on appelle la guelte. Pour ceux qui n'ont point droit à cette participation et qui font partie du personnel de la maison depuis cinq ans, a été créée une caisse de prévoyance qui est alimentée uniquement sur les bénéfices de la maison.

» Les sommes attribuées ainsi chaque année ont varié, depuis la fondation de la caisse, de 220 fr. 40 à 443 fr. 75 par employé, et le capital de la caisse s'élève aujourd'hui à 465.573 fr. 35 c. pour 515 sociétaires. Au bout de vingt ans d'emploi pour les hommes et de quinze ans pour les femmes, le compte est liquidé et le capital remis au titulaire pour s'en constituer une retraite. Quand le titulaire est une jeune fille et qu'elle se marie, son compte est également liquidé et le montant lui constitue une dot.

» Une dernière mesure a été prise pour stimuler le zèle des employés, leur faire aimer leur emploi et leur donner le goût de l'économie. Les augmentations de traitement se donnent autant que possible à l'ancienneté, et les chefs de service les plus anciens sont associés à la maison. En outre, un certain nombre de parts de propriété ont été mises à la disposition des autres employés.

» Ces parts sont de 50,000 francs; on leur a permis de s'associer entre eux pour réunir cette somme et le payement en a été échelonné par annuités.

» Cela a permis à de simples garçons de magasin de devenir copropriétaires. Le nombre des employés admis sous ces diverses formes à la copropriété est de près de 300, et la partie du capital qu'ils possèdent entre eux dépasse 7 millions. »

La Société d'économie sociale voit ces choses avec candeur, car elles lui rappellent la doctrine de son maître bien-aimé.

Mais tout en admirant le philanthrope de la rue du Bac, ne peut-on croire que cette philanthropie,

sagement portée à la connaissance des populations,
a surtout appelé les clients à la caisse?

Nous allons voir, d'ailleurs, comment le grand
bazar en général a compris le puffisme, base de tous
ses succès.

LE PUFF ET LE KRACH

La force du grand bazar réside, en effet, dans cette réclame à outrance, dont les plus petits d'entre eux savent aujourd'hui se servir avec la dextérité des Américains, inventeurs de la chose.

Ce sont les grands bazars qui ont donné la plus vigoureuse impulsion à l'annonce depuis une vingtaine d'années, et ils ont en cela contribué à la fortune de plus d'une gazette. La presse quotidienne a grandi parallèlement ; ces deux forces modernes se sont prêté et se prêteront longtemps, moyennant finance, un appui solide.

Au retour de chaque saison, au moment des fameuses expositions qui font arriver la cohue dans les grands bazars, le public voit chaque matin ou chaque soir la quatrième page de son journal occupée par la réclame «à tout casser» du grand bazar.

Le lundi c'est le Louvre, le mardi le Bon-Marché, puis la Ville de St-Denis, puis le Petit St-Thomas, puis le Printemps, puis le Tapis-Rouge, puis la Place Clichy, puis les Trois-Quartiers, puis le Pauvre Jacques, puis Pygmalion, puis les autres. Chacun d'eux emplit la page de ses boniments extraordinaires, de plus forts en plus forts, comme chez Nicolet, et on peut dire sans crainte d'exagérer, que pendant une semaine la publicité de celui-ci aidant le puffisme de celui-là, la France entière pense au grand bazar, dont le nom est répété à satiété par des milliards d'exemplaires. Le grand bazar triomphe.

Chacune de ces quatrièmes pages est payée au grand journal parisien depuis deux cents jusqu'à trois mille francs, suivant son tirage. Aussi la quinzaine des retours de chaque saison est-elle bénie par les directeurs de journaux.

Ceux qui n'ont que peu d'avances pour végéter, trouvent parfois dans la réclame que s'est imposée le grand bazar l'argent nécessaire à leurs échéances de la fin du mois. Ceux qui vivent sur d'autres revenus, encaissent avec sérénité cette manne qui tombe périodiquement dans la poche de leurs actionnaires, par l'entreprise des régies d'annonces.

Le grand bazar dépense ainsi en publicité quotidienne, depuis cent mille francs jusqu'à deux millions par an. On peut estimer bon an, mal an, à trente millions annuels les sommes que les grands bazars parisiens donnent aux journaux pour prendre possession de cette quatrième page, qui a été jusqu'ici la base de leurs opérations annoncières.

Il faut remarquer en effet que le grand bazar n'abuse pas des moyens de publicité bizarres et inattendus que le génie de certains industriels met à leur disposition. Ainsi l'homme-pancarte, l'affiche peinte sur les murs des villes de province, le cadre doré des hôtels départementaux semble leur répugner.

Seuls les bazars spécialement voués à la confection du pantalon, du gilet, de la redingote et du complet à vingt-cinq francs, se risquent dans la cocasserie. Tout le monde a lu vers la fin de l'Empire les annonces d'un magasin qui avait pour enseigne ces mots étranges: « A l'Œil, » et dont le boniment entourait une prunelle, mystérieuse autant que gigantesque.

« Le Bon-Diable », qui était tout vert et qui regardait les badauds avec des yeux glauques, a eu aussi son succès de curiosité.

« L'Hérissé, » grand bazar des chapeaux, a cherché aussi la fortune dans une sorte de porc-épic
à tête humaine, qui court encore les rues.

La Belle Jardinière, l'inéluctable Godchau,
l'opiniâtre Crémieux, la terrible Ménagère, l'insupportable Old England poursuivent le Parisien et
l'étranger sur les boulevards, dans les chambres
d'hôtel, dans les squares, et jusqu'au fond des cabinets d'aisances les plus reculés.

Mais le grand bazar qui fit le plus d'honneur à cette
manière tout à fait américaine, de comprendre la
réclame, ce fut cette maison d'habillement du Pont-
Neuf, qui a peint sur toutes les murailles de Paris et
des départements la banderole rouge avec la recommandation devenue légendaire : La maison N'EST
PAS au coin du quai.

Je l'ai pour ma part, vue dans les pays les plus
excentriques. Il y avait de quoi devenir fou, pendant
une année ou deux ; cette banderole crevait les yeux
à tout bout de champ. On m'a dit qu'elle flottait sur
les rochers du Niagara. Je le crois volontiers.

Les grands bazars dédaignent ces procédés un peu
vifs. Ils ont, après tout, d'autres tours dans leur sac,
à commencer par ces expositions, foires invraisemblables, folies de l'occasion, de l'illusion, pendant la
durée desquelles la foule fait irruption et se pousse

en vagues fiévreuses dans les galeries, autour des comptoirs.

Le puff du grand bazar a encore pour lui les catalogues. Cinq cent mille, six cent mille, un million par saison pour les plus grands, cent mille pour les petits. La poste remet tout ce papier à domicile.

Puis ce sont les échantillons, coupés en carré, épinglés sur la page du catalogue, et en si grande quantité que si l'on ramassait tous les petits bouts d'étoffe perdus ainsi et qu'on les réunît à la fin de l'année, on couvrirait la superficie de la France.

Ce sont les uniformes des garçons de magasin, qui courent en tous sens Paris et la banlieue et promènent dans un périmètre considérable, la tunique, la casquette, la plaque astiquée et le gilet du grand bazar.

C'est la promenade quotidienne des Anglais à travers le grand bazar, avec un cornac qui explique à la caravane les détails de l'organisation, comme le vieux guerrier du Panthéon explique l'histoire de ses grands hommes.

Ce sont les cadeaux qu'on imagine de faire au public pour l'affrioler. La femme s'y laisse toujours prendre. Elle sait qu'en achetant un mouchoir de vingt-cinq sous, elle aura droit tel jour, à telle heure, à un bibelot qui ne vaut pas quinze centimes. Aussitôt, elle accourt, elle se bat pour entrer, elle se bat pour circuler, elle se bat pour acheter le mouchoir dont elle n'a pas besoin, elle se bat pour obtenir le cadeau qu'on lui a promis, elle se bat pour sortir.

Est-elle bête, au fond?

Un jour le directeur d'un grand bazar reçoit, de je ne sais quel pays, cent mille petites figurines qu'un de ses chefs de rayon, distrait ou manquant de flair ce jour-là, avait achetées pour les revendre avec un bénéfice de cinquante centimes par pièce. Il l'espérait du moins. C'étaient des figurines quelconques, qui ne lui revenaient, d'ailleurs, qu'à deux sous.

On les afficha dans le grand bazar avec des étiquettes splendides, à vingt sous.

Personne n'en voulut.

On les mit à quinze sous au bout d'une semaine sans en vendre une seule.

On baissa encore le prix, d'abord à dix sous, puis à cinq sous, puis à deux sous, prix d'achat, personne n'en voulut encore.

Le directeur du grand bazar, piqué, déclara qu'on les donnerait pour rien.

Il dépensa deux ou trois mille francs d'annonces pour déclarer au public que grâce à des sacrifices énormes, il pourrait faire cadeau d'une figurine à toute personne qui achèterait n'importe quoi dans ses galeries,

Le lendemain de cette réclame excessive, les femmes avaient envahi le grand bazar en bataillon serré, et au bout de quatre jours les cent mille figurines gratuites étaient absorbées.

Tout le monde en voulait; il fallut en faire revenir de la fabrique pour satisfaire les insatiables. Elles rapportèrent indirectement un bénéfice incalculable.

Le puff ainsi compris est tout un art, et il mérite les éloges de l'économiste, puisqu'il fait entrer l'argent dans la caisse du commerçant.

Les voitures, les chevaux luisants, les cochers bien vêtus, les ballons, sont autant d'agents sûrs de la réclame des grands bazars, et en présence de ce déploiement de forces incessant, de cette victorieuse succession de réclames allant droit à la bourse du public, une idée m'est toujours venue :

Pourquoi, me demandais-je, tous les grands bazars qu'on a créés successivement n'ont-ils pas vécu et triomphé, avec de pareils atouts dans leur jeu?

Pourquoi tous n'ont-ils pas réussi, après s'être basés sur le même procédé du puff à outrance?

En un mot pourquoi chez ceux-ci le puff a-t-il amené le luxe insensé, les gains incroyables et le succès fou, pendant que pour ceux-là le puff n'a pu amener que le krach, comme on dit aujourd'hui, c'est-à-dire la ruine, la liquidation, la mise en vente désastreuse, avec les bandes de toile blanche clouées sur les vitrines, et les variantes innombrables de l'aveu sublime : Enfin nous avons fait faillite ?

Car on compte presque autant de défaites que de triomphes, en somme, dans cette lutte des grands bazars contre la bourse du public ? Pourquoi les défaites ? Pourquoi les triomphes ? N'y a-t-il, comme je le disais au premier chapitre de ce volume, point de place pour un nombre illimité de grands bazars ?

J'ai examiné avec soin l'histoire de ceux qui ont succombé dans la lutte, et j'ai la conviction que le krach a été pour eux le revers de la médaille, la conséquence, précisément, du puff excessif et mensonger.

Et il faut souhaiter que cette explication soit la vraie, car elle porterait en elle un enseignement moral.

Ce serait une solution digne d'attirer l'attention des légataires de M. de Montyon, et à vrai dire, j'ai confiance en elle.

Je crois fermement que dans notre époque, où la réclame pénètre partout, et porte juste, les grands bazars qui sont tombés avaient imprudemment joué avec le feu. Je veux dire qu'ils avaient cru qu'il suf-

fisait d'annoncer au public des avantages exception-
nels pour le faire venir, et qu'alors il serait superflu
de tenir la promesse faite.

Ils ont cru qu'il suffisait de dire qu'une étoffe du-
rerait dix ans pour que cette étoffe, mauvaise en
réalité, devînt excellente.

Ils ont en un mot trompé leur public, comme
Guillot trompait les villageois en criant au loup.

La première fois, tout Paris les a crus sur parole.

La seconde fois il les a crus encore, bien qu'ils
lui eussent joué déjà de vilains tours.

La troisième fois, ils ont joué de la grosse caisse
dans le désert, et personne n'est venu voir leur parade qu'on savait ennuyeuse.

Cela revient à dire que promettre et tenir sont
deux, comme dit Sancho Pança. Certes, cela paraît naïf,
puisqu'il s'agit d'un principe d'honnêteté commerciale, mais cela est.

J'ai recueilli cette affirmation de la bouche des
quatre ou cinq directeurs de grands bazars qui
tiennent le haut du pavé :

— Il y a place pour d'autres grands bazars que les
nôtres à Paris. Il y a place pour tout le monde, et nos
concurrents eussent vécu s'ils s'étaient imposé la
loi de servir au public ce qu'ils lui promettaient.

Il ne suffit pas de faire des réclames monstres, et

qui coûtent très cher. Il faut encore que lorsque le public arrive, il trouve ce qu'on lui a promis à la quatrième page des journaux. Sinon il s'éloigne, il ne revient pas, et il dissuade ses amis et connaissances, ce qui fait la ruine à courte échéance, par l'effet du vide.

N'est-ce pas la même chose en d'autres cas?

Un directeur de théâtre incapable joue de mauvaises pièces, et passe son temps à dire dans les journaux trop complaisants que ses pièces sont palpitantes d'intérêt. Le public, pris au piège, veut se rendre compte de la vérité de ces affirmations, il va au théâtre, mais il en revient furieux, et raconte ses désenchantements à tous ceux qui l'entourent. Le reste va de soi.

Le puff a donc amené le krach, et l'amènera toujours quand le grand bazar aura de mauvaises marchandises, mal achetées, mal entretenues, sans goût et sans surveillance.

Ce malheureux puff qu'on a tant et si souvent couvert d'anathèmes, n'est donc pas aussi coupable qu'on le dit!

Il fait le succès du grand bazar, si le grand bazar tient ses promesses.

Il fait sa ruine, si le grand bazar trompe son public.

Il a du bon ce puff, et je constate une fois de plus qu'il est singulièrement moral.

L'ÉTERNEL FÉMININ

Dans la lutte palpitante qui s'est engagée entre le grand bazar et la coquetterie féminine, nous avons jusqu'à présent marqué les coups portés par l'un et par l'autre adversaires.

Du côté du grand bazar, les exhibitions enivrantes, les chatoiements d'étoffes, les mirages étourdissants, les séductions implacables entassées par myriades les unes sur les autres, rutilant dans la poussière impalpable des galeries, qui grise la femme et qui la réduit.

Du côté de la faible créature, le vol incessant et la rouerie des *rendus*.

Il nous faut examiner sous toutes ses faces cette

malignité native de l'éternel féminin, la multiplicité de ses transformations, leur soudaineté.

J'ai longtemps étudié les rapports de la femme avec le grand bazar ; j'ai interrogé cent fois les plus intelligentes des *premières* et les plus honnêtes des *premiers*. Je leur ai demandé quelle était leur opinion sur la femme en général, à ces philosophes sans le savoir...

Et leur réponse a été unanime.

Elle m'a bien affermi dans une conviction que l'observation attentive des faits les plus simples et les moins importants en apparence a solidement établie dans mon esprit : la femme est rouée, la femme est cupide, la femme est menteuse, disons le mot typique dont se sont servis ces doux philosophes, la femme est gueuse.

La femme est gueuse !

Il ne s'agit plus des voleuses, ici. Nous montons plus haut. Nous sommes en présence de la femme soi-disant sans tache, qui ne commet pas un délit, que dis-je ? qui ne fait que mettre à profit la loi proclamée par le grand bazar dans son ivresse de la réclame : « On reprend tout article qui a cessé de plaire ! »

On la salue, cette femme, avec tous les égards qui lui sont dus ; les employés du grand bazar ont

14

l'ordre de se laisser duper, piller par elle, avec la plus grande politesse, et le sourire sur les lèvres !

Voyons-la donc à l'œuvre :

Sur mille femmes qui achètent, dans une journée, des objets confectionnés aux grands bazars, je veux dire des manteaux, des sorties de bal, des fourrures, des costumes, des chapeaux, des tapis, des fleurs, tout ce qui, en un mot, peut servir à parer le corps de la femme ou à décorer l'intérieur de ses appartements, il y en a deux cents, et le chiffre en augmente tous les jours, qui viennent au bout de quarante-huit heures rendre l'emplette, après s'en être servies, et en exiger le remboursement !

Au commencement de mes promenades à travers les grands bazars, je croyais que le *rendu* n'était qu'un accident.

Quelle n'a pas été ma stupéfaction lorsque j'ai appris à la longue qu'il était aujourd'hui passé dans les mœurs, que les femmes de Paris en avaient fait leur expédient le plus commode, qu'elles se l'indiquaient les unes aux autres avec une malice imperturbable, et que le grand bazar se laissait faire, avec une facilité qui ne s'explique que par sa soif immodérée de la publicité !

Un jour, une femme élégante vient rapporter au rayon des manteaux d'un grand bazar une

rotonde de 300 francs qu'elle avait achetée l'avant-
veille.

La vendeuse hésite, mais la femme déclare que la
rotonde n'a pas été portée. Aucune trace fâcheuse,
d'ailleurs, sur le vêtement. On le reprend, le sourire
aux lèvres, et le caissier restitue à la femme ses trois
cents francs.

Cinq minutes après son départ, la demoiselle a l'i-
dée de fouiller dans les poches. Elle y trouve des mies
de pain, une rose fanée et deux bribes de fromage de
gruyère. Pouah !

Et la gueuse, fort bien mise, avait soutenu que le
manteau n'avait pas été porté !

Un autre jour, une femme vient acheter une sortie
de bal. Elle la paye et l'emporte. Depuis quelque
temps la *première* avait eu l'idée de coudre une étiquette à l'intérieur de ces confections, avec un fil rose
et bleu.

La femme va en soirée, elle jouit de sa sortie de bal,
après en avoir préalablement coupé l'étiquette.

Mais le lendemain, pour la restituer au grand bazar
et rentrer dans son argent, elle a bien soin de faire
recoudre par sa bonne l'étiquette protectrice.
Malheureusement la bonne recoud le petit carton avec
du fil de cuisine, et la *première*, voyant cela, se met
à sourire. Elle n'en rembourse pas moins le prix inté-

gral à la dame qui se fâche, et qui menace de porter plainte au directeur, car la gueuse qui joue ce
tour au grand bazar connaît toujours le directeur.

Elle le dit du moins.

Sur cent femmes qui achètent et qui rendent leurs
emplettes au grand bazar après en avoir joui deux ou
trois fois, soixante sont insolentes et « connaissent
le directeur. »

L'accumulation des anecdotes sur ce sujet ne servirait à rien. Ce serait toujours la même qui repa-
raîtrait. Elles se résument après tout dans ceci : la
femme vient au grand bazar, y dépose une somme
moyennant laquelle elle emporte un objet dont elle
se sert deux ou trois jours, quelquefois pendant une
semaine, et rapporte sans hésiter cet objet pour
rentrer dans son argent.

C'est une manière de mont-de-piété à rebours, et je
suis certain d'étonner mes lecteurs et surtout mes
honnêtes lectrices, en leur apprenant que cette manière de procéder est aujourd'hui la plaie des grands
magasins de nouveautés.

La femme, celle dont nous nous occupons depuis
le début de ce livre, la coquette, l'ambitieuse, la
prétentieuse, ne se fait aucun scrupule d'aller au
grand bazar chercher une fourrure de six cents
francs, si elle a besoin d'étonner le monde le len-

demain. Elle dépose les six cents francs, et revient au bout de trente-six heures les reprendre, en rendant la fourrure, avec laquelle elle s'est fait voir aux endroits qu'il convenait.

La confection n'est pas abimée. Elle y a veillé quelquefois, mais le plus souvent il y a de légers désordres qui indiquent l'usage qu'elle en a fait. Peu lui importe, elle nie. Elle n'en veut plus parce que son goût capricieux de femme a changé, dit-elle. On n'a qu'à lui rendre son argent. Et on le lui rend, le sourire aux lèvres. Elle le reprend du bout des doigts, hautaine, en méprisant tout cela.

Dites, braves gens, Paris n'est-il point la ville des mystères et des drôleries sans fin ?

Croiriez-vous que des régiments de femmes de la bonne société commettent cette indélicatesse tous les jours, si quelqu'un vous l'affirmait dans un dîner, ou au coin de la cheminée d'un salon, en causant de choses et d'autres ?

Eh bien, moi, qui sais ces choses à fond, je vous les certifie, et qui plus est, je n'en écris que ce qui peut en être écrit.

Vous ne saurez jamais comme la femme est gueuse !

Un jour, un garçon du grand bazar se rend chez une dame où il avait le matin même déposé un tapis

14.

de 2,000 francs sans en exiger le payement. La maison lui avait paru noble, richement habitée. Il avait dit qu'il repasserait dans la soirée, car la dame s'habillait.

A peine a-t-il passé sa tête dans la porte entrebâillée que la soubrette lui dit, de sa voix flûtée :

— Madame est sortie ce soir. Revenez demain.

Mais le garçon avait l'oreille fine. Il entend un air de piano, puis un bruit de fourchettes et d'assiettes entrechoquées, comme si on desservait une table.

Il élève la voix. Quelqu'un sort aussitôt du salon, et par la porte entrouverte notre homme aperçoit, à la clarté des bougies toutes allumées, son tapis soigneusement étalé, et plusieurs invités qui polkent dessus, en cadence.

Le malheureux se laisse éconduire par la maîtresse de la maison qui vient en personne réconforter son esprit. Elle ne peut s'occuper de lui en ce moment; elle donne une fête, elle danse. Elle ira payer demain.

Et le lendemain à midi, un commissionnaire rapportait le tapis au grand bazar. Il avait, soi-disant, cessé de plaire !

Chaque jour des faits analogues se produisent pour des fleurs artificielles, pour des chapeaux, pour des robes. C'est effrayant.

La femme à qui le doux philosophe reproche cette manière d'agir indélicate a une réponse qui la peint bien encore :

Pourquoi le grand bazar est-il le premier à nous encourager, en reprenant tout ce qui cesse de plaire, avec le sourire aux lèvres ? C'est sa faute après tout, et pas la nôtre !

Elle ne comprend pas, la mignonne, que de la répétition de ces anecdotes se dégage toujours un fait principal ; ce fait, c'est son mensonge à elle. Elle dit qu'elle n'a pas *porté* l'objet qu'elle rend, pour reprendre son argent. Or, elle l'a porté. Elle ment donc. Elle ment deux fois : d'abord en disant qu'elle ne l'a pas porté, et ensuite en disant qu'il a cessé de lui plaire, ce qui n'est pas vrai, car si elle pouvait le garder, elle le garderait.

Mais voilà le nœud de la question. La femme qui fait ce trafic est toujours une sœur puînée de celle que nous avons vu voler à pleines mains. C'est la femme qui veut paraître, la coquette, la frivole, la sé-duisante, l'adorable, la femme, en un mot.

Son mari n'a pas les moyens de solder ses fantai-sies, ou bien elle dépasse le budget que son mari lui a fixé. Alors, elle vient dans les magasins de nouveautés emprunter de quoi figurer dans une fête, ou de quoi embellir la fête qu'elle donne chez elle, de façon à

ne pas être humiliée par son amie, Madame de X...
ou par son ennemie, Madame de B..., qui usent du
même procédé dans le grand bazar voisin, et qui se
gardent bien de le dire, du reste.

C'est toujours l'histoire de la femme qui n'a
pas assez d'argent.

Les provinciales ne font guère ce petit commerce.
Il y en a pourtant depuis quelques années, qui ont
appris les secrets des grands bazars et qui s'en
servent. Elle se font envoyer contre remboursement
des objets qui étonnent la petite ville, le jour du
concert annuel pour les pauvres, ou au théâtre mu-
nicipal, ou au bal du sous-préfet, et quinze jours
après, elles écrivent au grand bazar qu'il y a eu
erreur et qu'elles rendent les articles parce qu'ils
ont cessé de leur plaire.

Le grand bazar leur rembourse toujours par le
retour du courrier. Le sourire aux lèvres seul
manque au *rendu* départemental par voies ferrées.

Les étrangères ne rendent jamais, dans ces conditions frauduleuses s'entend. Si vraiment une étrangère est mécontente de son achat, — et c'est le cas
de la femme honnête de Paris — elle vient au rayon ;
elle ose à peine avouer qu'elle a mis le vêtement qui
lui va mal, et elle demande qu'on lui en vende un
autre à la place. Souvent elle se croit obligée de payer

le nouveau plus cher, pour effacer la trace du désa-
grément qu'elle craint de causer au grand bazar.

Pauvres étrangères ! Pauvres femmes honnêtes de
Paris ! Si vous connaissiez toutes les roueries de la
mondaine, de la coquette, de l'élégante, qui est
légion, votre loyauté ne s'ébranlerait pas pour si peu,
mais vous ne vous contenteriez pas de sourire.

Heureuse la femme que son éducation empêche
de tomber dans cette gueuserie !

Si je vous disais que le tableau noir des grands
bazars, tableau sur lequel on se décide à inscrire,
après plusieurs histoires, les noms des femmes les
plus difficultueuses, contient de grands noms et des
noms connus de vous, dont vous ne vous douteriez
pas, ceux de femmes de hauts personnages du gouvernement, de femmes de banquiers millionnaires, de
princesses, chez lesquelles le garçon des grands bazars
a la défense expresse de laisser un paquet de six
francs sans argent comptant ?

Cela vous consolerait, et vous croiriez que le châti-
ment de la gueuserie commence.

Hélas ! cette défense vise un autre ordre de tours
de l'éternel féminin : les oublis volontaires et les
contestations de mauvaise foi.

— Je n'ai pas choisi cela ! J'ai déjà payé ! Vous me
faites payer deux fois ! Telles sont les affirmations

courantes de la gueuse adorable désignée ci-dessus, au milieu des statues de son vestibule, sous les lambris dorés de son hôtel.

Ce n'est pas à dire pour cela que la bourgeoise ne partage pas avec la femme du monde, avec l'élégante, avec la femme légère, et avec la parvenue le privilège de la gueuserie. Au contraire, la petite bourgeoise, la femme de fonctionnaire, de bureaucrate, qui veut éblouir ses connaissances, est, nous l'avons vu déjà, celle que la cupidité soudaine pousse volontiers aux fait délictueux. Quand elle n'ose aller jusqu'à l'adultère ou au vol, ces deux extrémités, elle se contente d'un *rendu* hebdomadaire, qu'elle renouvelle en changeant toujours de magasin.

C'est le même argent qui sert. Tantôt il est immobilisé ici pendant trois jours pour un chapeau à brides, tantôt il dort quarante-huit heures là pour un burnous de soie, tantôt il sommeille là encore pour une visite à la dernière mode. Il fait ainsi le tour des grands bazars de Paris, et il se transforme chaque fois en une frivolité nouvelle.

Une gueuserie qui réussit souvent, et déjà nous la connaissons, c'est celle de la cocotte qui vient se faire payer un chapeau. Nous la retrouvons, mieux encore, aux manteaux et aux fourrures, où un riche boyard lui offre le chef-d'œuvre de l'établissement moyennant quelques billets de mille francs.

Deux jours après, la cocotte revient. Elle rend le manteau et touche son prix en argent, ce qui lui va beaucoup mieux. Pendant ce temps, le boyard roule en chemin de fer vers les steppes de son pays natal, et le caissier a toujours aux lèvres le sourire commandé par le règlement.

— Tout cela, c'est la faute du grand bazar! dit la femme, honteuse de tant de coquineries. Il nous appelle à lui, il nous tente, il est notre complice. Tant pis pour lui.

La complicité du grand bazar est quelquefois réelle. Ainsi, la femme qui n'a pas beaucoup d'argent à dépenser pour sa toilette, et qui ne veut demander à son mari que ce que le mari lui attribue par trimestre, se procure de l'argent ailleurs.

Où? ne le recherchons pas ici, nous avons déjà épilogué là-dessus.

Avec cet argent, elle va au grand bazar, et elle achète là les choses délicieuses qui depuis longtemps emplissent sa tête d'un indomptable désir.

Quand elle a passé son après-midi à manier les étoffes, à causer de leur nouveauté, à choisir les chiffons qu'elle adore, à jouir en un mot de tous ses nerfs et de tout son petit cerveau dans les galeries à

l'atmosphère énervante, quand elle a fait additionner, grisée qu'elle est par la tentation, une note de
quatre ou cinq cents francs, je suppose, qui ferait
bondir le mari parce qu'elle suit de trop près la
somme accordée pour le trimestre courant, et déjà
payée, elle prend dans sa petite main gantée la main
de la dernière vendeuse, qui la débite à la caisse,
et elle lui dit :

— Mademoiselle, veuillez donc dire tout bas au
caissier que je vais payer comptant la moitié de ce
que je dois, et le prier de me faire une facture
sans détails, de l'autre moitié, afin que mon mari ne
soit pas effrayé par le chiffre.

Et le grand bazar obtempère.

Le sourire aux lèvres, le caissier fait une facture,
en deux lignes, de la moitié de la somme. Il encaisse
l'autre moitié, et quand la garçon apportera toutes
les emplettes au foyer conjugal, la femme fera prendre au mari, comme on dit, des vessies pour des lanternes, elle lui prouvera que tout est admirablement
bon marché, que le grand bazar y perd certainement, et que pour ne pas laisser passer d'incroyables
occasions, elle a dû acheter tous ces bibelots pour la
modique somme portée sur la facture, qu'il sera
bien gentil de payer.

Elle l'embrasse amoureusement, et il paye, lui, le

pauvre idiot, sans se douter que la moitié de la somme en plus a été prise à son insu, dans sa caisse, à moins que ce ne soit dans la poche d'un ami, par la jolie gueuse, sa femme.

La théorie du *rendu* est tellement passée dans la pratique, que les demoiselles du Louvre qui font une fête au dehors, et qui désirent être remarquées, s'en vont au Bon-Marché acheter un chapeau. Elles le mettent vingt-quatre heures, et se font rembourser ensuite, tandis que celles du Bon-Marché viennent acheter au Louvre et restituer, contre argent, un jour après, suivant le même procédé.

Maintenant, on ne saurait se faire une idée de l'éloquence que déploie la femme, de ses jongleries, de ses caresses, de ses menaces, de ses sottises, quand elle se trouve aux prises avec les demoiselles qui la servent. C'est un moulin à paroles qui n'arrête pas.

Et là encore elle est rouée. Elle espère attendrir, avoir pour rien. Et elle parle de ses amies, de sa mère, de ses enfants, de son mari, de ses amis, de ses connaissances, du théâtre, des courses, de la cherté, de tout, en un mot, sans être intimidée.

Elle perd la notion des convenances, elle perd la tête, elle est rouge, allumée, haletante.

J'ai passé de bien longues heures à l'étudier

ainsi dans les galeries houleuses du grand bazar. Et, jolie ou laide, j'ai toujours trouvé un plaisir infini à la voir.

La chienne en arrêt sur les perdreaux qui trottent devant son nez n'est pas plus étrange.

TROUSSEAUX ET LAYETTES

Le comptoir des trousseaux et celui des layettes
forment deux coins intéressants du grand bazar.
L'éternel féminin s'y montre sous un jour moins vio-
lent et les roueries de la femme y sont tempérées
par une pointe de comique. C'est le vaudeville
après le drame.

Que de fois je suis venu m'asseoir, pendant des
heures entières, au milieu des trousseaux de mariées
futures et des layettes d'enfants à naître, pour assis-
ter à ce va-et-vient des mères jeunes ou vieilles,
des mères légales et des filles-mères, des fausses
mères et des belles-mères.

Le coup d'œil est très particulier, dans ce défilé

spécial de femmes qui ne songent qu'à l'hymen ou qui portent déjà les fruits de l'hymen. L'étude de la belle-mère, dont les vaudevillistes ont tant abusé, celle de la future mère, s'y font sans qu'on y pense.

Aux trousseaux, la mère vient choisir, discuter, tâter, ergoter, accompagnée de sa fille, quand elle habite Paris, flanquée de son futur gendre, quand elle est de la province.

La mère et la fille parisiennes, ou rompues au mouvement de Paris, achètent le trousseau après réflexion, après examen, après une rêverie interminable et charmante sur les chemises, sur les bas brodés, sur les pantalons, sur le linge qu'on tient entre ses doigts, rêverie qui est le propre de la femme et que notre sexe est incapable de comprendre ou d'analyser. Mais enfin, il n'y a pas d'excès dans leur manière d'agir.

La mère provinciale, au contraire, accompagnée de sa fille qui l'est également, et de son futur gendre qui l'est encore davantage, proteste, s'exclame, s'enfle, fait de gros yeux et parle toujours d'argent.

Elle ne cesse de jeter sur l'amour des deux jeunes gens, si toutefois amour il y a, les déclarations les plus saugrenues, l'argent qu'elle dépense pour sa fille, la valeur extrême des culottes qu'elle vient de choisir, la qualité des camisoles et des chemises de nuit.

Elle fait des phrases à propos de jupons et de serviettes de table. Elle enfile des tirades au sujet des draps de lit qui sont de la première qualité, et cela sans respect humain, devant dix ou douze autres mères semblables qui achètent aussi bruyamment, aussi difficultueusement, chacune un trousseau au grand bazar.

J'aime assez quand le gendre se tait, parce qu'enfin j'en conclus qu'il aime la fille, et que celle-là, du moins, ne fait pas un marché de dupe.

Mais quand je le vois qui s'en mêle, oh ! alors mes nerfs s'excitent, et pour un rien j'interviendrais dans la mêlée. Il conteste la qualité des pantalons et des draps! Il ne veut pas des camisoles sans broderies! Il veut que les chemises de nuit soient à jour, lui pas bête, tandis que la belle-mère trouve cette confidente de la nuit trop *shocking!*

Quand sa fille est laide, elle a raison. Mais lorsqu'elle est jolie, elle a bien tort.

Le gendre y met une passion détestable. Il fait des grimaces, il hausse les épaules, il marchande sans pudeur. Il y aurait de quoi l'étrangler. Il faut se borner à plaindre l'intéressante victime qu'il va traîner à l'autel, après tous ces maquignonnages indécents.

Les grands bazars vendent en moyenne douze trousseaux par jour. Il y en a de mille francs et il y en a de trente mille. Mais la moyenne du trousseau que vend le grand bazar, de nos jours, est de quatre à cinq mille francs.

J'ai demandé aux premières des trousseaux si leur rayon voyait beaucoup de *rendus*, c'est-à-dire si la belle-mère, après avoir acheté un trousseau pour marier sa fille au bel Isidore, essayait quelquefois de rendre ce même trousseau contre argent au grand bazar, en se basant sur ce qu'Isidore avait rompu et que sa fille lui restait pour compte.

Il paraît que la tentative est très fréquente. Mais là, elle n'est pas suivie d'effet. Une mère achète un trousseau de quatre mille francs pour sa fille, le fait marquer à son chiffre et le paye. C'est fini. Si sa fille n'épouse pas le prétendu auquel elle était destinée, tant pis.

La mère essaye bien de rendre le trousseau au grand bazar. Mais le grand bazar répond cette fois avec une philosophie qui l'honore :

— Madame, gardez le trousseau ; nous ne saurions le reprendre. Mais mademoiselle votre fille ne peut manquer de trouver une « autre occasion. »

Aussitôt cette occasion trouvée, prévenez-nous, et nous vous démarquerons gracieusement toutes les pièces du trousseau de mademoiselle votre fille.

On n'est pas plus aimable.

Aux layettes, le mouvement est plus intense. L'après-midi, ce rayon ressemble à un square. Pendant que les mères font leurs emplettes, les babys jouent à la balle sur le tapis du grand bazar, encombrant la circulation et forçant les demoiselles de magasin à déployer des trésors de tendresse pour tout ce petit monde.

Car la mère qui vient acheter une layette pour son petit second, tout près de venir au monde, tient par la main son petit premier, qui est quelquefois joli. Alors la demoiselle, qui veut vendre beaucoup, embrasse le petit, sans amour, mais avec une apparence de passion qui sauve tout.

Quand il est laid, barbouillé, mal élevé, piaillard, insupportable, elle l'embrasse de même, et l'accable de compliments qui sont aussi loin de sa pensée qu'ils sont immérités, du reste.

C'est toujours un groupe qui vient acheter la layette. Il se compose de la jeune mère, à la veille de sa délivrance, de sa mère, à la veille d'être grand'mère, de sa belle-mère et souvent de sa propre grand'mère. Que de mères pour un poupon !

Il faut entendre la controverse qui s'établit entre toutes ces mères pour l'achat des layettes du poupon.

S'en occupe-t-on assez de ce poupon !

Et ceci lui abîmera les cuisses ! Et cela sera trop gros ! Et du temps de la grand'mère on faisait autrement ! Et au milieu de toutes ces théories où l'amour maternel, je l'avoue, prime la question d'argent, on voit la demoiselle agiter les cartons, sortir le linge, déplier, replier, avec une vitesse inouïe, qui n'a d'égal que le bagou gentil dont elle agrémente ses exhibitions.

Un autre groupe est celui de l'homme jeune et bien habillé, qui vient avec une jeune femme pâle, également bien habillée. Il lui donne de sages conseils sur les achats à faire. En écoutant la demoiselle défiler son petit chapelet, il regarde sa maîtresse avec des yeux ardents, couve moralement le petit à venir, le petit dont il est l'auteur, paye ostensiblement à la caisse, de l'air autorisé d'un homme qui dit : c'est moi qui suis le papa.

Un autre groupe est celui du monsieur qui offre beaucoup de choses à la cocotte. Entre autres il lui paye une layette pour un petit qui vient de naître.

Beaucoup moins intéressant, ce groupe illégal,

que le précédent, mais typique. La femme est
sur pied depuis quinze jours. Elle a repris sa gail-
lardise, et ses robes à la mode. Elle est costumée à
ravir. Elle est étourdissante et rit à belles dents. Tout
ce défilé de petites babioles l'amuse. C'est quasiment
le trousseau d'une poupée qu'elle détaille. L'amour
maternel n'y est pour rien, et l'enfant dont elle s'occupe est de ceux qui sont destinés à meubler sa
victoria, tous les jours de quatre à six heures,
autour du lac.

Malheureusement, le *rendu* reparaît aux layettes
avec son audace accoutumée.

La cocotte ci-dessus viendra très bien, le surlendemain, rapporter la layette que le monsieur a payée
et en demander le remboursement. Elle dira que
l'enfant est mort en province.

Si elle a vraiment un enfant en province, elle le
laissera pourrir dans les langes pisseux de paysans
quelconques. Pourvu qu'elle ait l'argent, elle s'inquiète peu du reste. Si elle n'a pas d'enfant, si
elle a raconté une histoire au monsieur pour se poser,
alors son deuil est tout fait... Et on lui rembourse
la layette que le monsieur goguenard a payée.

Hélas, s'il n'y avait que la femme galante qui
pratique le *rendu* pitoyable, honteux, de la layette!

Mais la bourgeoise n'y manque pas !

Le grand bazar rembourse plus de trois ou quatre cents layettes par an.

Des femmes, appartenant au monde où l'on est convenu de trouver tout honnête, ont l'audace de venir au grand bazar, d'y acheter des layettes pour un enfant qui va naître, et quand cet enfant meurt, de rapporter leurs emplettes, aussitôt la bière enterrée.

Elles n'ont pas le respect du petit mort qui fait que les honnêtes mères disent : La layette servira pour un autre, ou bien je la garderai comme une relique précieuse de mon enfant.

Elles n'ont rien de cela.

Aussitôt l'enfant mort, elles courent au grand bazar redemander leur argent.

Parfois elles n'osent se présenter devant leurs vendeuses, sentant bien ce qu'il y a de repoussant dans leur cas. Alors elles écrivent des lettres étonnantes, dont celle-ci est le prototype : c'est toujours la mère qui écrit pour sa fille :

A Mademoiselle la première du rayon des Layettes, aux grands magasins du...

Paris, le...

Ma chère demoiselle,

Vous n'avez pas oublié que je vous ai acheté derniè-

rement avec ma fille différents objets à l'usage d'un bébé que nous appelions de tous nos vœux, le chérubin ! le tout se montant à la somme de....

L'heureux événement qui se préparait pour nous s'est changé en douleur et en tristesse.

Et comme ce serait renouveler chaque jour un souvenir véritablement trop pénible, je vous prie de reprendre dans sa totalité la layette que je vous ai achetée.

Comptant sur votre obligeance, etc.

Signature.

Et la demoiselle reprend la layette, et elle rend l'argent, nécessairement, avec le sourire aux lèvres.

Une clientèle que le grand bazar a conquise par l'extraordinaire agencement de ce rayon destiné aux enfants, c'est celle des ouvriers. Le peuple vient beaucoup aux layettes, et c'est avec les enfants du peuple que les demoiselles sont parfois le plus empressées. Il leur en cuit un peu, car la femme du peuple fait plus souvent qu'on ne le croit la réflexion du paysan :

— Ne vous moquez donc pas du monde. Mes enfants valent bien les vôtres.

Elle croit que si la demoiselle parfumée, à la robe de soie noire et aux cheveux en tire-bouchon caresse son enfant, c'est pour se moquer d'elle.

D'aucuns se montrent satisfaits de l'attention, au contraire. L'homme sourit et la femme est contente de voir qu'on s'occupe de son moutard. Et si l'acquisition de la layette destinée au nouveau rejeton a contenté tout le monde, l'ouvrier se retire le dernier, pour glisser deux ou quatre sous dans la main de la demoiselle de magasin, qui rougit et se tire d'affaire en donnant gracieusement les sous au moutard, pour qu'il achète des bonbons.

J'ai vu un jour deux familles d'ouvriers qui achetaient des layettes sur le même comptoir qu'une grande dame accompagnée de sa gouvernante.

Ceux-ci prenaient pour cent francs d'objets, à eux deux.

Celle-là partait avec une note de quatre mille francs.

Promiscuités curieuses du grand bazar contemporain !

Le rayon des layettes a aussi bien que les autres ses femmes insupportables : la dame qui vient sept fois pour faire démonter et remonter une robe d'enfant, la dame qui soutient toujours que son enfant est plus joli, quand elle achète ses affaires ailleurs. C'est une variété de *calots* qui pour être moins immorale que les autres, n'en a pas moins sa note personnelle et comique.

Les demoiselles des layettes ne sont ni plus sages ni plus immorales que les autres ; elles s'occupent en tous cas d'objets qui devraient n'avoir aucun rapport avec les jongleries ordinaires de la femme, avec sa coquetterie, avec sa gueuserie. On serait tenté de croire que la femme en achetant les premiers langes du petit être devant qui sa frivolité succombe plus d'une fois — heureusement ! — va devenir câline, douce, raisonnable.

Nullement. Elle a le verbe aussi haut que lorsqu'elle tortille son derrière devant la glace du salon d'essayage. Elle crie et elle injurie à l'occasion. Elle traite les demoiselles de grues à propos de bavolets ou de brassières.

Les anciennes maisons qui avaient la spécialité des layettes n'ont pas connu cette façon d'agir, et ce n'est pas dans leurs salons qu'une femme soi-disant bien élevée oserait traiter ainsi la demoiselle qui la sert.

Dans les anciennes maisons, il y avait, entre la demoiselle et la cliente, des intimités, des confidences, qui adoucissaient les angles. Les grandes dames, allant aux eaux, écrivaient fort bien aux demoiselles des lettres de quatre pages, gentilles, aimables, où elles s'informaient de leur santé et des nouvelles du magasin.

Aujourd'hui, le grand bazar ne connaît rien de tout cela.

La femme arrive, aux layettes ou ailleurs, devant une ribambelle de grandes filles qui lui en imposent.

Elle a son argent pour payer, elle paye, donc elle doit être servie à la baguette.

Elle le croit, elle le dit et elle le redit.

On croirait à la voir entrer dans le rayon qu'elle a une cravache à la main.

EN CHEMISE

Si nous passons au rayon intime des corsets, où
le grand bazar déshabille la femme, il faut nous
armer de l'énergie du Dante et regretter que ce pro-
fond penseur ne soit plus de ce monde pour peindre
un cercle tout à fait singulier de l'enfer contemporain.

Je suis allé beaucoup par là, pour y voir de près
les dessous de la femme, pour savoir comment cette
coquette si pimpante, si brillante en dessus, soigne
ou ne soigne pas ses dessous.

L'étude est instructive, et j'y ai trouvé autant de
plaisir que d'étonnement.

Après avoir passé quelque temps aux corsets d'un

grand bazar, j'ai interrogé la première de ce rayon discret, et je lui ai demandé ce qu'elle pensait des dessous de la femme, comme j'avais demandé au chef de la police ce qu'il pensait de la bosse du vol.

L'entretien mérite d'être rapporté sans que j'y change un seul mot. Il peint la chose avec une sincérité que le lecteur appréciera.

— Combien vendez-vous de corsets par jour?

— Six cents.

— Combien de femmes, sur les six cents qui achètent des corsets, se déshabillent devant vous pour essayer leur corset neuf?

— Une centaine.

— Vous voyez donc à peu près cent femmes par jour se déshabiller dans votre salon d'essayage, vous ou vos vendeuses, et vous pouvez enfin donner votre opinion sur un fait général : la femme que vous déshabillez est-elle, en dessous, propre ou sale?

— Sale, presque toujours.

— Le corset qu'elle quitte, est-il très sale?

— Généralement très sale.

— Comment expliquez-vous ces choses?

— Je ne les explique pas. C'est un sujet toujours nouveau de stupéfaction pour moi et pour mes vendeuses. Je ne puis comprendre comment la femme, si brillante en dessus, est si sale en dessous.

— Comme vous ne déshabillez, sur leur demande, que cent femmes sur six cents, nous admettons, *à priori*, que les cinq cents qui ne se déshabillent pas, ont des dessous irréprochables, et nous ne nous occupons que du sixième auquel vous délacez le corset.

— Eh bien, sur cent femmes, je vous certifie qu'il n'y en pas a quinze qui aient une chemise propre, un corset propre, et un pantalon de même. Cette fraction de quinze pour cent, je la trouve dans les femmes du grand monde, dans les actrices et dans les Parisiennes proprement dites, femmes mariées et non mariées, qui vivent élégamment ou galamment. Celles-là sont irréprochables. Elles ont du linge fin et toujours bien entretenu : les dessous répondent chez elles aux dessus. Mais les quatre-vingt cinq autres sont d'une saleté qui fait mal à voir.

— Ce sont des bourgeoises, ces quatre-vingt-cinq là ?

— Oui, des bourgeoises, des bourgeoises de Paris. Et si, sur les quatre-vingt-cinq, on voulait en ôter quinze encore, moins sales que les autres, ce seraient des femmes de commerçants, des femmes qui travaillent à leur boutique ou qui tiennent la caisse de leur mari. Celles-là ont plus de pudeur que les autres et elles sont mieux soignées. Mais il en reste toujours soixante dont les corsets blancs sont devenus noirs de saleté. Et elles les mettent jusqu'à ce qu'ils tombent en loques.

— Et parmi les soixante, combien de femmes de province?

— Très peu. La femme de province est généralement propre, par orgueil. Elle s'habille de linge blanc, des pieds à la tête, avant de venir, pour n'avoir pas de honte devant nous. Et en somme c'est le sentiment de la propreté qui la guide.

— Combien d'étrangères?

— Le tiers. L'étrangère a souvent du linge de voyage, qu'elle change trop rarement. Elle est parfois repoussante. Certaines Anglaises nous arrivent sans chemise, avec leur corset posé sur la peau. C'est une singulière mode.

— Les deux tiers de vos femmes à la tenue imparfaite sont donc composés de bourgeoises de Paris?

— Oui. La bourgeoise ambitieuse, qui veut paraître, qui fait des embarras plus que sa bourse ne lui en permet, est sale en dessous. Y a-t-il une pointe d'avarice ou d'économie à faire sur la blanchisseuse? Je n'en sais rien, mais elle est ainsi, et je la plains. Ainsi, je vois un jour arriver une femme de Paris, très bien habillée. Elle se rendait, me dit-elle, au rayon des costumes pour y acheter une robe de velours de cinq à six cents francs. Elle l'a achetée. J'ai été témoin de l'acquisition. Avant tout, elle voulait avoir un corset neuf. Je déshabillai cette cliente de premier ordre. Son corset était graisseux, usé, presque en morceaux, et il était lacé... avec une ficelle d'emballage.

— Et que dit la femme, quand elle découvre ainsi ses dessous malpropres? Car, enfin elle doit avoir un peu de honte?

— Elle dit qu'elle a des corsets chez elle, et qu'elle a mis celui-là pour nous le donner à réparer par la même occasion. Ce n'est jamais vrai. Maintenant il arrive à chaque instant que des Robes et Costumes, on vient nous demander un corset neuf pour une dame, qui essaye sa robe avec le corset prêté, sans même avoir la pudeur de le garder sur elle, et de le payer.

Elle nous le rend et s'en va, parfois, habillée de neuf, après avoir remis sous sa robe le corset sale pour gagner quelques jours et n'en acheter un autre que plus tard.

— N'avez-vous pas aussi l'excuse de la bonne?

— Oh! fréquemment. La femme, très désireuse d'éblouir, vient pour acheter un corset de cinq francs, dont le prix trop modeste jure avec sa toilette prétentieuse. Comme elle croirait se déprécier à nos yeux si elle avouait que le corset de cent sous est pour son usage personnel, elle ne manquera jamais de nous dire qu'il est pour sa bonne, *qui a juste la même taille qu'elle.* De sorte que dans une seule journée nous avons dix et douze femmes, bien mises et à la langue bien pendue, qui viennent acheter des corsets pour leurs bonnes. Heureuses bonnes, si c'était vrai !

— Et encore ?

— Oh ! les incidents ne manquent pas. Un jour une dame arrive avec une robe de satin bleu sur le corps. La toilette valait des centaines de francs. Elle me demande une tournure. Je lui fais donner une tournure, vous savez, ce faux postérieur que les femmes attachent à leur ceinture. Elle manifeste le désir de ceindre immédiatement l'objet. Je la conduis au salon d'essayage. Elle se déshabille, et je remarque avec stupeur que sous sa robe elle avait une tournure assurément trop incommode, et qu'elle venait remplacer. Cet appendice se composait d'un vieux manchon attaché au ventre par un cordon qui le traversait de part en part.

— Vous en devez voir de drôles, grâce à cet article intime, à ce corset révélateur ?

— De très drôles. Un autre jour, c'est une dame qui veut que je lui rembourse un corset qu'elle n'avait jamais mis, disait-elle. Cependant, les baleines en étaient toutes rouillées, et on avait passablement sué dedans. Quand je l'eus bien interrogée, elle m'avoua que ce corset était celui de sa tante qui venait de mourir, et qu'elle se tiendrait pour satisfaite si l'on voulait lui donner un corset à sa taille, en échange de celui de la défunte, qui était trop petit. La réclamante était boulotte, et la tante avait dû être très maigre. J'eus beaucoup de peine à faire comprendre à l'héritière que ce qu'elle demandait était tout à fait impossible...

Cher lecteur, le corset de la défunte ne mériterait-il pas tout un poème?

Et la vente des faux appas, destinés à combler des vides fâcheux laissés par la nature?

On les appelle des fausses gorges, ce qui est déjà joli.

Mais que dire du monsieur très bien mis qui vient un jour trouver la *première* des corsets, et qui lui dit :

— Je voudrais pour ma femme une paire de grâces?

Que dire de l'Allemande guindée et formaliste, qui du haut de ses deux mètres, laisse tomber cette demande singulière dans l'oreille d'une jolie vendeuse de tournures :

— Mademoiselle, je désirerais un cul de Paris !

Un autre jour, c'est une veuve remariée qui vient acheter un corset, et qui, pour retrouver sa pointure à l'aide d'achats précédents, donne par erreur le nom de son premier mari, ce qui fait perdre deux heures de recherches inutiles.

Un autre jour, c'est une dame à la mise recherchée, très en poudre, très maquillée, la proxénète à figure d'émail, qui se fait essayer des corsets à n'en plus finir, par une demoiselle qu'elle a soigneusement dévisagée. Après dix ou douze essayages, elle choisit un ou deux corsets de satin roses ou bleus, et prie la demoiselle de les essayer à son tour... pour voir l'effet.

Elle tourne autour de la demoiselle déshabillée, l'ausculte, la touche comme par hasard, et lui propose à l'oreille de l'emmener à Nice ou à Trouville, selon la saison, pour lui servir de compagnie.

Ces vieilles maquignonnes du vice réussissent parfois à tirer du grand bazar une fille bête et bien faite à la fois, mais elles échouent brusquement contre les bouillantes adeptes de la pelouse de Longchamps et des dîners de campagne à Asnières, jeunes personnes qui sont fixées sur la compagnie de la drôlesse et sur le rôle fatigant qu'elles auraient à jouer là-dedans.

La vente de ces corsets roses ou bleus, que j'appellerai les corsets impudiques, est très suivie par le grand bazar. Ils sont achetés par les personnes les plus capiteuses de la société.

Le vrai commerce, néanmoins, demeure celui du corset honnête ou soi-disant tel, du corset blanc, couleur d'innocence, que la bourgeoise peu soigneuse devrait toujours revêtir d'un cache-corset, pour être propre à tout hasard.

Et maintenant, pourquoi des femmes qui se savent horriblement sales en dessous viennent-elles se déshabiller en plein jour, devant des tiers, au lieu d'attendre le jour de la semaine où elles sont propres, s'il en est un ?

C'est que la tentation les a prises après leur entrée au grand bazar.

Elles sont venues pour acheter autre chose. Elles ne songeaient pas au corset. Elles ont été entraînées par le bazar séducteur, et ma foi, le désir étant irré-sistible, elles perdent toute pudeur. Elles se mon-trent dans leur crasseuse nudité.

J'ai dit qu'elles n'étaient en somme que le sixième d'un nombre approximatif, six cents.

Honneur aux cinq cents autres, qui achètent le corset sans dégrafer leurs robes !

Elles nous laissent au moins les cinq sixièmes de nos illusions.

SYMPHONIE DES EXPOSITIONS

Le grand bazar a trouvé, pour exciter périodiquement la convoitise de la femme, une combinaison singulièrement puissante, celle des expositions périodiques.

Assemblage terrible de toutes les séductions imaginables, l'exposition périodique est aujourdhui la cheville ouvrière de chacun des grands bazars parisiens.

On fait concourir à ses splendeurs toutes les imaginations et toutes les activités de l'établissement. On les prépare avec méthode, on les couve avec amour de longs mois à l'avance, et à chaque ouverture de saison, toute l'armée des commis et des demoiselles se met en mouvement pour organiser l'arsenal sur le pied de guerre, et le mettre en état de lancer sur le mari les boulets rouges dont parlait l'homme qui connaît à fond la genèse des grands bazars.

Tous les magasins de nouveautés ont adopté un plan uniforme. Ils suivent le même ordre dans leur théorie des expositions affriolantes, et ce n'est pas sans surprise que je les ai vus récemment dédoubler les saisons, pour faire huit coups de réclame dans une année, et porter jusqu'à dix le nombre de ces foires qui durent une ou deux semaines, grâce à l'empressement fiévreux des femmes.

L'exposition quasi-mensuelle leur met la tête à l'envers. J'en ai vu qui restaient des heures entières assises sur une chaise, devant les coupons étalés, laissant passer derrière elles les flots sans cesse renouvelés de promeneuses et de promeneurs, et regardant fixement, avec une sorte d'hébètement satisfait, tout ce que les commis leur ont jeté en pâture sans compter.

La première exposition est celle de septembre, à l'époque de la rentrée générale à Paris. On revient des eaux et des bains de mer. La femme reprend possession de son Paris qu'elle a quitté deux mois pour aller détendre ses nerfs en face de paysages réconfortants.

Immédiatement, sans répit et sans lui donner le temps de respirer, le grand bazar l'appelle à lui, et pose sur son épaule mignonne la griffe de velours que nous connaissons. Il fait jouer les grandes eaux de la réclame, bat la caisse dans toute la grande ville, et amène du premier coup la femme dans son antre, d'où elle ne sortira plus qu'en vidant sa bourse.

Il appelle cette exposition la grande mise en vente des Tapis. Voyez l'association d'idées ; on rentre chez soi ; on trouve que l'appartement pourrait être plus luxueux, mieux décoré. On a vu de si jolies choses à l'étranger, dans les châteaux, dans les hôtels monstres des bords du Rhin ou de la Suisse!

Vite, le grand bazar apparaît à souhait, comme le diable complaisant des féeries du Châtelet.

Il n'offre pas à la femme de lui rendre ce qu'elle a perdu, comme Méphistophélès, mais il tient à la main un écrit redoutable, comme Bertram. Et cet écrit chante en lettres multicolores les bienfaits du tapis, les grâces de la moquette, les délices de la tapisserie, le triomphe de la portière persane, et tant d'autres choses harmonieuses qui attirent la femme quand même.

La maison n'est qu'un amas de tapis.

Au mois d'octobre, c'est l'exposition générale de

toutes les Nouveautés d'hiver. Les tapis sont restés dans leur rayon spécial et chacun dans son comptoir, fait briller tout ce qu'il a de plus nouveau, de plus attrayant, de meilleur marché et de plus cher.

En novembre, l'hiver arrive. Le grand bazar songe à jeter sur le marché des millions de Fourrures, de Robes et de Manteaux d'hiver. Il fait savoir à la femme que les soieries et les velours sont aussi très avantageux.

En décembre, il frappe au cœur les mères et organise cet immense carnaval des Jouets d'enfants, des Livres d'étrennes et de l'Article de Paris, qui constitue bien le mois le plus pittoresque du magasin des nouveautés modernes.

En janvier, il laisse un peu de répit à la femme. Il sait que le terrible jour de l'an l'a ruinée de fond en comble, et il attend un mois avant de lui offrir de nouveaux services.

Il va sans dire que dans l'intervalle de ces expositions pharamineuses, la vente courante ne chôme pas. Mais la quinzaine de grande parade sert à donner le coup de fouet. C'est l'aiguillon piqué dans le flanc de la femme, et la femme obéit fougueusement à la piqûre !

Le mois de février est occupé par l'exposition de Blanc, des Toiles, des Dentelles, des Gants, des Fleurs.

Il est parfois le plus bruyant. Il y a comme un réveil chez la femme.

Elle a surtout l'exposition de gants qui la passionne.

J'ai vu plus d'une fois, au milieu de la cohue de février, les commis débordés par la foule, sauter à pieds joints sur leurs comptoirs et vendre du haut de ces tribunes improvisées, avec la prestesse de commissaires-priseurs, des douzaines, des grosses, je ne sais comment ils appellent ces brassées de gants, appeler les femmes, les persuader, les convaincre, toujours en dominant le flot humain et en piétinant sur les milliers de paires de chevreau, sur les cartons éventrés, sur un désordre merveilleux.

En mars l'effort général que nous avons constaté en octobre se reproduit. Cette fois on vise le printemps au lieu de tabler sur l'hiver. C'est le moment de l'exposition générale des nouveautés d'été. On commence à entrevoir les verdures d'avril et les envolées à la campagne du mois de mai. On vient faire des achats généraux pour le mois suivant.

Avril ramène, par les mêmes raisons, l'exposition des robes et manteaux, en vue de la saison d'été.

En mai, ce sont les Rideaux confectionnés, les Meubles de campagne, les Ombrelles. En juin, ce sont les Chapeaux de paille.

Il faut voir l'ouverture de cette exposition au grand bazar.

Tous les murs de l'établissement sont tapissés de panamas, manilles et autres sombreros destinés aux bains de mer ou aux environs de Paris. On n'aperçoit du haut en bas des murs du grand bazar que des couvre-chefs éclatants de blancheur. Il y en a pour femmes, hommes, enfants, et même pour auvergnats, depuis deux sous jusqu'à trois ou quatre francs en moyenne.

On en vend cinquante ou cent mille par jour, suivant l'importance du grand bazar.

C'est une véritable bataille. On se demande comment toute la cohue qui se précipite dans le grand bazar pour faire emplette de chapeaux peut circuler dans les galeries.

Enfin juillet et août sont les deux mauvais mois de l'année. Il n'y a pas à lutter contre le départ des femmes pour la villégiature. Le lendemain du grand prix de Paris marque le signal du départ. Et le grand bazar, sans interrompre sa vente courante, prend là deux mois de repos relatif.

Il profite de cette morte saison, beaucoup moins sensible aujourd'hui qu'autrefois, pour congédier une partie de ses employés.

16.

Il en profite aussi pour liquider ce qu'il appelle d'un nom bien connu, ses *Soldes*.

Le travail de ces rabais de prix considérables est curieux à suivre.

Partant de ce principe qu'il faut toujours du nouveau, n'en fût-il plus au monde, et qu'il ne faut jamais laisser s'éterniser les marchandises qui ne sont pas vendues, le grand bazar bien organisé s'applique à faire des inventaires fréquents. Tous les *rossignols* dont il n'a pu se défaire au prix marqué sont démarqués, aussitôt l'inventaire établi.

Ce qui devrait être vendu dix francs est mis à cent sous, puis à trois francs si le prix de cent sous est trop élevé.

On trouve toujours à vendre dans de pareilles conditions, et le grand bazar est débarrassé des marchandises encombrantes, défraîchies ou démodées, ce qui lui permet de recommencer sa saison d'automne avec un assortiment entièrement neuf.

Je n'ai pas parlé d'un ancien mot d'argot dont les commis ne se servent plus guère, la *guelte*. On appelle ainsi le bénéfice spécial promis par le grand bazar à l'employé qui le débarrasse d'un vieux *rossignol*. Autrefois, la guelte avait une grande importance parce que l'employé ne participait à aucun autre bénéfice et n'avait que ses appointements pour vivre, ce qui le condamnait fatalement à offrir de préférence au public un rossignol déplaisant, mais sur lequel il risquait de faire un bénéfice déterminé d'avance.

On voit par le petit tableau des expositions que le grand bazar ne s'endort pas sur les signes du zodiaque.

Là où la nature n'a point placé de solstices, il en suppose.

Je m'étonne de ne pas avoir encore vu surgir un directeur de grand bazar, intelligent, qui se soit amusé, comme la Convention, à transformer en noms de marchandises les noms de nos jours et de nos mois.

La Convention avait décrété les jolis noms de mois thermidor, messidor, floréal, prairial; mais elle avait aussi décrété, moins heureusement, que le lundi s'appellerait haricot, le mardi citrouille, et le mercredi gland ou quelque chose d'analogue.

Rien n'empêcherait le grand bazar de faire un calendrier à l'usage de ses jolies clientes, en se basant sur la théorie des expositions, et d'appeler février, Blanc; mars, Ombrelle; juin, Chapeau, et juillet, Solde.

Cette dénomination des jours de la semaine aurait plus de succès que celle adoptée par la Convention, parce qu'elle ferait la joie des femmes, et que le patronage du beau sexe a toujours assuré le succès d'une idée.

AUTOUR DU GRAND BAZAR

Toutes les grandes agglomérations parisiennes ont leur écume, leur vase abjecte, qu'elles rejettent au loin et qui revient sans cesse autour d'elles.

La Banque de France à ses pick-pockets qui rôdent du matin au soir autour des portes cochères, guettant les capitalistes naïfs, les garçons de recettes distraits et les commis musards.

Les théâtres ont leurs brigades insupportables de marchands de contre-marques, d'ouvreurs de portières, de marchands de programmes et de quémandeurs spéciaux, à rubriques variées.

Les revues militaires et les fêtes populaires ont leurs marchands de médailles, de drapeaux et d'emblèmes.

Les cimetières ont leurs camelots qui débitent l'immortelle rouge et jaune.

Les grands bazars tiennent à Paris une trop grande place, ils provoquent un trop grand mouvement des foules pour que les industriels du pavé n'en aient fait depuis longtemps le siège en règle.

Aujourd'hui, ils enserrent le grand bazar ; ils sont les maîtres absolus du trottoir qui longe l'immeuble et crient à tue-tête les *bricoles* les plus inattendues à la clientèle féminine et masculine qui entre et sort continuellement.

J'ai compté jusqu'à soixante individus mâles et femelles qui débitaient leurs brimborions autour des visiteurs du bazar, obtenant deux sous de celui-ci, deux sous de celle-là, trouvant le moyen de vendre leur absurde marchandise et d'en retirer un réel bénéfice.

La chaîne et la montre en or, trois sous ; la manière de traiter les femmes comme elles le méritent ; le plan, le joli plan de Paris, le nouveau plan de Paris avec les photographies des principaux monuments de la capitale, cinquante centimes ; les jolies images, les jolies chromolithographies, les contes de Perrault, deux sous ; l'éventail japonais, le joujou milanais, le bel oiseau bleu, le rossignol à domicile, tels sont les principaux cris de ces honorables industriels.

Ils crient, ils piaillent, ils beuglent à qui mieux mieux ; ils assourdissent la cohue élégante et ternissent l'éclat du grand bazar par leur hideuse laideur, leurs habits crasseux, leurs casquettes graisseuses, leurs faces glabres et leurs souliers percés.

Par une tolérance éminemment démocratique de la police parisienne, les truands de la Cour des Miracles se ruent sur la forteresse rutilante et embaumée des chiffons luxueux, et se précipitent sur les miettes que leur jettent les riches au seuil de la porte d'entrée. Il faut que tout le monde vive. Ce sont les pustules hideuses du grand bazar.

Chose incroyable, tous ces camelots sont de vrais camelots. Ils ne sont pas de la police, comme le public aime à le croire, ils vendent pour des sommes minimes des choses idiotes, mais ils les vendent et en tirent profit. On peut voir tous les jours, autour d'un grand bazar parisien, une vieille femme appelée par ses congénères *la grêlée*, à cause de son horrible face, qui gagne entre dix et quinze francs par jour, avec son *plan de Paris*, ses *jolis crayons* et l'*itinéraire des rues de la capitale*.

Quinze francs par jour, quatre cent cinquante francs par mois, cinq mille francs par an avec ce commerce du trottoir ! La bêtise humaine est vraiment illimitée.

Et tout cela grouille, augmente la masse des curieux de l'extérieur, emplit les airs de cris discordants... et forme autour du grand bazar une nuée opaque, cacophone, mais vivante, qui n'a pas sur le client, paraît-il, une action défavorable. Au contraire, ce grouillement le prépare, me disait un homme de la nouveauté, au tohu-bohu de l'intérieur. C'est bien possible.

Mais il n'y a pas autour de la ruche colossale que les camelots en quête de petits bénéfices. Il fallait bien s'attendre à voir arriver sur le trottoir qui fait la ceinture du grand bazar, autour de cette tourbe parisienne sans cesse renouvelée, la nuée des filles publiques qui s'abat de nos jours, avec une effronterie inconnue des époques précédentes, sur les boulevards, en plein Paris, devant les cafés, autour des théâtres et aux abords des cercles.

Les rouleuses du pavé ont fait, elles aussi, leur siège du grand bazar. Elles ramassent, elles aussi, les miettes de ce Gargantua.

L'atmosphère de l'intérieur est si étrangement surchauffée que plus d'un homme sort de là pour flâner en attendant sa femme, et se laisse happer au passage par les harpies.

La police le sait, et donne bien de temps en temps la chasse aux rôdeuses de jour qui opèrent autour des vitrines, racolant « le monsieur qui fume un cigare en attendant que sa femme ait fini. » Mais elles sont plus fortes que la police, et en fin de compte, elles restent maîtresses du trottoir.

Le chef de la police d'un grand bazar a bien voulu, un jour que nous analysions minutieusement toute cette vermine extérieure, arrêter devant moi une de ces filles et l'interroger, sans menaces, j'oserai dire amicalement et surtout en lui promettant de n'en rien dire à la police des mœurs. Elle nous a raconté des choses stupéfiantes, inénarrables dans un livre.

La conclusion de son récit était celle-ci : sur dix flâneurs qui font le tour du grand bazar en attendant leur femme, avec ou sans cigare, il y en a huit qui se laissent entraîner par la sirène dans les hôtels borgnes du voisinage.

Voyez-vous ce mari qui est venu conduire sa femme au grand bazar, qui la laisse en proie à la séduction du chiffon pendant de longues heures, qui la laisse s'éterniser dans l'admirable arsenal des attractions où elle vide sa bourse, les yeux allumés, la face rouge, la main frémissante, posée sur celle du commis boutonneur de gants, et qui s'en va, lui, pendant ce temps-là, faire une promenade avec la femme louche dans les hôtels meublés de dix-huitième ordre?

Il faut avouer que si leurs femmes sont des pécheresses affolées, ces maris-là ne valent pas grand'chose non plus!

Ce n'est pas encore tout ce qu'on voit rôder autour du grand bazar.

De même que les vestibules des théâtres sont, à l'heure de la sortie, occupés par une foule de gens qui viennent chercher leur monde, sans oublier les valets de pied, de même les abords du grand bazar sont, à l'heure de la fermeture, envahis par les amies de ces messieurs et les amis de ces demoiselles, sans oublier, hélas! le contingent obligé des souteneurs.

Les vieux et les jeunes messieurs qui brûlent d'un feu ardent pour les jeunes personnes de la nouveauté sont pêle-mêle, sur le trottoir, se dévisageant mutuellement, et cherchant à deviner quel est celui d'entre eux qui vient pour tromper les autres.

Il y a le monsieur qui attend sournoisement, dans un angle, sans paraître se préoccuper des gaudrioles que les commis débitent en sortant à sa bien-aimée. Il est fixé.

Il y a le monsieur pâle et jeune encore, qui croit à l'amour de la petite vendeuse, et qui va lui faire une scène quand ils seront seuls, parce qu'en sortant, de grands calicots lui ont parlé de la suivre chez elle.

Il y a le petit jeune homme désolé qui voit sa bien-

aimée s'enfuir à droite quand il l'attend à gauche,
oublier tout d'un coup ses serments, lui lancer un
coup d'œil moqueur et s'en aller au bras d'un grand
brun, très bien mis, en qui elle a plus de confiance
pour l'avenir et pour le présent.

Il y a la jolie caissière du café prochain, dont le
service cesse juste à la même heure que celui du grand
bazar, et qui vient attendre son bon ami, le second
de la parfumerie, un garçon sérieux qu'elle épou-
sera.

On coudoie tous les jours le courtier d'agent de
change, le clerc de notaire, le clerc d'avoué, le sur-
numéraire de la Ville, autant d'Othellos de paco-
tille, qui se morfondent dans une attente quotidienne et finissent par s'estimer les uns les autres, à
force de faire le pied de grue, ensemble, à la porte du
grand bazar. Ils comparent toutes les frimousses de
leurs protégées et s'estiment tous heureux d'avoir
celles qu'ils possèdent, jusqu'au jour où la brouille
survient dans l'un des trois cents faux ménages.

Alors, le lendemain, c'est un nouveau venu qui
vient attendre la demoiselle irascible. Le bataillon
des soupirants l'analyse, le toise. On passe devant
lui, on lui fume dans le nez, on cherche à savoir
pour qui cet intrus vient poser. Et quand on voit
avec qui cet intrus s'en va, on cause de ce nouveau

ménage en remontant à Montmartre ou à Montrouge, en prenant un bock dans la brasserie à femmes qui se trouve sur le chemin. C'est un thème qui, le lendemain, sera remplacé par un thème analogue.

On coudoie encore le passant inoffensif, que cette cohue arrête, le flâneur vicieux, qui cherche à reconduire une brebis isolée et qui file son gibier le long des maisons, sans comprendre que si la demoiselle détale avec prestesse, c'est que son galant l'attend *at home*, là-bas, là-bas, derrière Saint-Ambroise, ou dans la rue Oberkampf.

Les souteneurs sont là aussi, en petit nombre. Il y en a fort peu qui exploitent la demoiselle de magasin. Elle est pour eux l'occasion d'une passion temporaire qui peut leur coûter cher à la longue, c'est vrai. Il y en a des exemples. Plus d'une fois leur insolence a valu à ces individus des charges vigoureuses exécutées par les commis, et des bourrades sérieuses.

Tout ce flot de trois mille hommes et femmes entremêlés se répand dans la rue, se bouscule, se cherche, s'appelle avec des sifflements, des claquements de la langue, des cris bizarres. L'été on se voit, grâce à la longue durée des jours. L'hiver on se cherche dans la nuit, sous les becs de gaz, ce qui sert de prétexte à une foule de plaisanteries salées,

pendant que les demoiselles et les commis mariés se
dirigent droit vers le domicile conjugal, où les mioches attendent.

Bientôt chacun a pêché sa maîtresse dans le mystère
de la demi-obscurité procurée par le gaz des rues parisiennes. Les groupes des célibataires et des « veufs »
s'éloignent bruyamment dans toutes les directions,
en parlant haut, en marchant lentement comme des
gens qui se demandent où ils passeront leur soirée,
et l'on n'entend plus que la porte massive du grand
bazar qui se referme en grondant.

A l'intérieur, derrière les glaces décolorées, derrière les marchandises habillées de lustrine pour la
nuit, les pompiers circulent lentement et ferment les
derniers compteurs.

Les alentours du grand bazar deviennent alors
plus déserts que le désert même. Le volcan qui a
grondé tout le jour s'apaise subitement. On dirait le
silence d'une nécropole.

CONCLUSION

Nous avons vu sous toutes ses faces le grand
bazar contemporain. Nous en avons étudié les merveilles et les vilenies.

Après avoir montré les colosses debout dans Paris,
maîtres absolus du commerce moderne, après avoir
rendu hommage au travail considérable qui s'est dé-
pensé pour leur édification, l'auteur a essayé de
faire toucher du doigt l'étonnante plaie qu'ils ont
faite dans le cerveau de la femme.

Nous nous sommes promenés du haut en bas de
ces tours de Babel où le public, excité par la convoitise, parle toutes les langues et offre toutes les
monnaies en échange du bibelot qui l'attire.

Nous avons parcouru ces caves, ces galeries mystérieuses ou bruyantes, suivant leur affectation, suivant l'heure de la journée, et le lecteur a pu voir que dans les souterrains aussi bien qu'au grand jour, le travail de ces monstres parisiens était perpétuel, leur transformation constante. Il a pu les assimiler aux oiseaux bizarres du Nouveau-Monde, dont les mues successives et périodiques sont chaque fois caractérisées par des bigarrures nouvelles et par des ramages nouveaux.

Nous avons étudié de près ces peuplades inconnues des commis et des demoiselles de magasin, des flâneurs, des voleuses, responsables ou non, des acheteuses et des vendeuses, toute cette agglomération sédentaire et flottante, bourdonnante et babillante qui emplit le grand bazar, qui bruit aux oreilles du passant et qui produit par sa mélopée grondante un effet direct sur le cerveau du promeneur, accoudé sur quelque balcon des halls.

L'impression ressentie par le cerveau est telle, du reste, que vingt fois par jour, vous entendrez dire aux portes des grands bazars : Est-ce curieux! Est-ce inouï! C'est à y perdre la tête! Quelle cohue! Comment s'y reconnaître! Quelles affaires ils doivent faire! Et la note inévitable, le finale en *mineur*, le fameux *in caudâ venenum* lâché par une langue de serpent qui glisse entre deux jolies lèvres :

— C'est égal, il doit s'en passer de drôles, là-dedans!

Voilà la vraie phrase, celle qui court Paris, celle qu'on prononce dix fois pour une, le soir, autour de la table de famille ou dans le restaurant, après qu'on a piétiné toute une après-midi les parquets luisants et les tapis épais du grand bazar.

Pour ma part, je me suis fait cette réflexion vingt fois, et c'est aux environs de la dix-septième fois, je suppose, que l'idée me vint de fouiller tout cela et de consigner le résultat de mes fouilles.

Un jour que je sortais du grand bazar, tenant bien ostensiblement les menus objets que je venais d'acheter, et regardant fixement l'inspecteur cravaté de blanc, — tout le monde a éprouvé cette sensation de l'homme qui ne veut pas être pris pour un voleur — je pensai que si un dessous de Paris appartenait à l'étude de longue haleine que je me suis proposée, c'était celui-là, le dessous parfumé, capiteux, bruyant, grisant des grands bazars.

Il faudrait maintenant conclure. Tel serait du moins l'avis des économistes.

A quoi bon?

Quoi qu'on dise et quoi qu'on fasse, les faits acquis n'en subsisteront pas moins tout entiers. Les grands bazars feront mieux ou pis encore qu'ils n'ont fait jusqu'ici.

Y a-t-il avantage pour la masse des consommateurs
à trouver tout ce dont ils ont besoin, réuni dans
une même halle ?

Paye-t-on plus cher au grand bazar que chez le
petit boutiquier ?

Ceux qui les exploitent à outrance, et fort honora-
blement, s'arrêteront-ils en si beau chemin ?

Le jour ne viendra-t-il pas, où par la force des
choses, grâce à des capitaux sans cesse utilisés, la
ferblanterie et la victuaille, les vins et les comesti-
bles auront leur rayon spécial au grand bazar, tout
comme la soierie, les tapis et la toile ?

L'eau ira-t-elle toujours à la rivière, suivant
l'axiome populaire ?

Le public finira-t-il au contraire par s'écarter de
ces foires géantes pour revenir au comptoir sombre du
petit commerçant et à la causerie familière avec la mer-
cière du coin, avec ses mioches et avec son angora ?

Paris ne verra-t-il pas quelques effondrements
nouveaux, et s'il les voit, ces effondrements seront-
ils suivis de résurrections audacieuses ?

Autant de questions que nous n'avons pas à résoudre, vraiment !

Notre rôle plus modeste consistait à décrire ce
qui est, ce que nous avons tous et tous les jours
sous les yeux, ces intérieurs tumultueux et luxueux

du grand bazar parisien, que tout le monde connaît, où tout le monde ressent la même impression vague d'étonnement et de curiosité mal définie.

Assurément la force de ces minotaures est incalculable. Entrez dans la caverne, vous ne pourrez plus en sortir sans y laisser quelque chose de vous-même : un regret ou une forte somme. La vue provocante d'une multitude d'objets qui meubleraient fort bien un appartement, qui pareraient adorablement une femme, qui seraient d'un secours précieux dans un ménage, vous étourdit et vous fascine à des degrés différents, suivant le plus ou moins de sensibilité de votre esprit.

Vous résistez à la tentation, — imparfaitement, car vous achetez toujours quelque fanfreluche pour ne pas en perdre l'habitude, — mais enfin vous résistez, parce que vous êtes homme.

Supposez qu'à la minute précise où vous dominez par le raisonnement ce désir passager, la femme soit à votre place, devant le même fouillis éclatant de frivolités charmantes. Elle cèdera, plutôt deux fois qu'une.

Que dire contre ce duel ?

Que reprocher à ce marchand astucieux, qui met tout en œuvre pour faire de l'or et de l'or quand même, sans se préoccuper du reste, ce qui est l'exécution d'une maxime commerciale ?

Que reprocher à cette pauvrette qui ne semble avoir reçu le souffle de la vie que pour convoiter sans relâche ?

Personne n'est responsable, ni dans la course aux millions, ni dans la course aux chiffons.

Le commerçant jette son cri de guerre et appelle la femme dans son palais féerique, comme le marchand de crayons coiffé d'un casque à plumes appelle les badauds du village autour de sa calèche poussiéreuse à coups de grosse caisse. La fortune est aux audacieux.

Et s'il fallait, en dépit de cette théorie de l'irresponsabilité générale, choisir un coupable et se prononcer entre le bazar qui racole la femme, et la femme qui se précipite vers le grand bazar, j'accuserais la femme, *à priori* ; j'entends toujours la femme imparfaite dont nous avons vu défiler les roueries sans nombre.

L'éducation corrige ce que la nature n'a pas su faire, aussi voyons-nous la femme bien élevée modérer le désir qui l'envahit comme les autres, rentrer en elle-même, réfléchir au moment où la tentation va la prendre, songer à l'équilibre de son budget, à la tranquillité de son mari, à l'avenir de ses enfants, à une foule de choses banales mais admirables qui constituent pour la plus belle moitié du genre

humain le rachat perpétuel de ses innombrables fai-
blesses.

Cette femme-là est mise hors du danger par son
éducation.

Elle est d'abord sauvée du désordre, puis de la dépense excessive, de la prodigalité irréfléchie, puis du
mensonge, de la duplicité, puis du vol et de tout ce
que nous avons vu fondre sur les héroïnes du *tirage
en dessous* et du *rendu*.

Cher lecteur, c'est cette femme-là que je vous
souhaite.

Mais celle qui n'a reçu qu'une éducation fausse et
mondaine, comme on dit, c'est celle-là qui succombe !

Assurément, elle est responsable de sa chute ;
mais souvent ses parents et la société, pour employer
le grand mot, sont plus responsables qu'elle.

Et s'il fallait à cette étude une moralité comme on
en voit à la fin des fables du bon La Fontaine, je dirais que la femme a besoin, plus que l'homme encore,
de l'instruction première, de la notion du bien et du
mal, du juste et de l'injuste, notions que son état la
porte inconsciemment à méconnaître. Je dirais que
cette éducation première, il faut la lui imposer.

On m'objectera que les voleuses des grands magasins sont, la plupart du temps, des femmes d'un
monde où l'on est censé avoir étudié au pen-

sionnat ; on ajoutera même avec une apparence de raison que le plus fort contingent des voleuses est fourni par des institutrices qui ont du savoir à revendre.

Mais en disant qu'il faut instruire la femme, je ne dis pas qu'il faille lui inculquer exclusivement cette somme de grammaire, d'arithmétique et d'histoire qui la fait triompher, de treize à seize ans, dans les distributions de prix.

Je dis qu'il faut lui donner l'*éducation*, ce qui est plus que l'instruction, et que cette éducation morale, notre pays de France, nos familles françaises ne la connaissent pas encore.

Mais je me garderai bien d'entrer ici dans des considérations sur la condition sociale de la femme d'aujourd'hui. *Non est hic locus.*

L'endroit serait mal choisi, à la fin d'un livre où déjà le beau sexe est égratigné plus fort que l'auteur ne l'eût désiré par galanterie.

Mais à qui la faute?

FIN

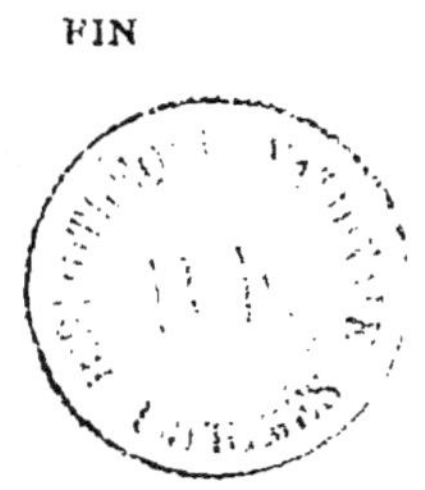

TABLE DES MATIÈRES